歴史文化ライブラリー

16

アニミズムの世界

村武精一

吉川弘文館

目次

アニミズムとは何か

自然の生命化

魚霊・針霊

今年（一九九六年）の春ごろであったろうか、なにげなくテレビをみていると、川魚の釣り場として有名なある川の漁業協同組合が、釣の口明け（開禁日）前に「魚霊碑」を建立して、これまで釣り上げられた魚の霊を弔《とむら》う儀礼をおこなっていた。わたくしにとってはじめて聞く話であったのでやや驚いたものの、日本文化における民俗信仰の形を考えると納得のいったことであった。

少し考えてみると、わたくしたち日本人のまわりには、このような事例がたくさんあることに気づく。生物だけでなく、毎年おこなわれる「針供養」、あるいは茶道関係者でおこなわれる「茶筅《ちゃせん》供養」などである。針供養は針をつかうのを忌《い》みする日、あるいは一般には二月八日の「事始め」の日におこなわれ、針に生命があると信じその霊的存在にたいする慰撫の儀礼である。柳田国男監修・民俗学研究所編『民俗学辞典』（東京堂出版、一九五一年）によれば、つぎのように記されている。

針を使うのを忌みつつしむ日。関東の針供養は二月八日、または二月と十二月との八日にする所がある。（中略）関東や九州地方では十二月八日にする例が普通であり、例えば対馬ではこの日針を紙に包んで一日休みとするが、鹿児島では二月八日で、これを蒟蒻《こんにゃく》と豆腐を三宝に載せて針を刺したという。山口県萩では庚申《こうしん》の日に針供養をし、古針を集めて海に流す。

古針を海に流したり、石川県あたりでは「針千本」などとい

図1　沖縄八重山の小浜島の「御獄」

って、「うに」を「針の神」として祀《まつ》るように、針霊と水界（海・川など）との関連が注目される。

聖なる樹木

また、神社の境内を訪れると、神木としてあがめられ、注連縄《しめなわ》がはられていたり、ある特殊な形の石におなじく注連縄がはられ、「聖なる石」とあがめられているのをよく見かける。巨岩や、あるいは特異な形をした石などが神々の依《よ》り代《しろ》として崇拝されているのである。いわゆる「磐座《いわくら》」信仰である。また、神木は神霊の依り代として、あるいは天界と地上とを結ぶ「宇宙樹」として、神霊の降臨によって「常在神」のとどまるところとなっている。琉球文化における聖なる杜《もり》（御嶽《うたき》）のなかの、中心地は男性禁忌の空間であるが、そこでは「クバの樹」とよばれる宇宙樹が神聖視されている。同様なことは、のちに述べる東南アジア農耕民にも明確にみられる。

また、福井県の若狭湾に面する大島の「ニソの杜」信仰は、よく知られた神木信仰の好例である。この地の旧家では「ニソの杜」とよぶ聖なる杜にある、椎《しい》・椿《つばき》などの老樹に「ニソの神」が宿っていると信じられている。「ニソの杜」への祭礼は、だいたいにおいて本家を中心とした分家の家々がおこなうか、または講集団のような組織によっておこなわれている。また「ニソの杜」付近には死者の埋め墓地があって、死霊《しりょう》祭祀《さいし》ともかかわりがあるかのようである。

正月の「門松《かどまつ》」も歳神の依り代だという説明もひろく知られており、榊《さかき》として用いられる樹木などは、いずれも常緑樹である。京都の賀茂別雷《わけいかずち》神社（通称、上賀茂神社）で毎年おこなわれる神迎え神事も、賀茂山の宇宙樹としての神木「ミアレ木」を中心におこなわれる。土橋寛《つちはしひろし》によれば、このミアレ木はもともと「木綿《ゆふ》榊」の大きなもので、「アレ」とはヒラヒラひるがえるものであるという（『日本語に探る古代信仰』中公新書、一九九〇年）。なお、諏訪大社上社・下社の「御柱《おんばしら》」祭も同様である。七年目ごとの春に山から樅《もみ》の木をきり出し、氏子《うじこ》組織によって里におろし、上社と下社に四木ずつ社の四隅に立てる。これは「宇宙柱」であり、神霊が心柱に宿ることによって宇宙の再生が果たされる。また近年、二〇年ごとの遷宮がおこなわれた伊勢神宮の造営においては、山の神木をきり出すにあたって、宮地の中央に建立される「心御柱」になる樹木の霊をまつる儀礼、「山口祭」が夜間におこなわれた。つまり、宇宙の中心の奉建である。これを「木本《このもと》祭」という。これもいわば「宇宙樹」であり、宇宙の再生を意味し、神宮にとって、もっとも大事な神事である。

6

聖なる石

磐座

岩石に霊的存在を認めこれを御神体として信仰する「磐座《いわくら》」は、日本の神社のあちこちにある。新宮市の神倉山にある神倉神社は、熊野速玉大社《くまのはやたま》の摂社である。巨大岩石を御神体とするゴトビキ岩とよばれる巨岩がこの神社の磐座であるが、ここは熊野の神の降臨の地といわれ、考古学的にみても祭場としての性格があるようだ。

また、民俗信仰としての「石神」(イシガミ・イワガミ・シャクジン)も、石そのものを御神体、霊的存在とみる信仰である。病気治しその他の御利益を願うものもおおいが、神霊の御座石として聖地を形成したり、伝承によって海からの神の「寄り石」として信仰されることもある。とくに奄美《あまみ》大島から南の琉球文化地域では、道のつきあたり、つまり丁字路のところに、「石敢当《いしがんとう》」ときざんだ石を立てて悪霊の侵入をふせぐ。

これは中国文化の影響といわれているが、八重山群島でも、ビジュルとよばれる「聖なる石」がある。柳田国男は、これを石敢当とおなじ性質をもっているものと考えている。沖縄の「聖なる石」信仰の特徴のひとつが豊穣の招来にあるとすれば、すでに柳田が東アジア諸地域との比較を示唆していたこととおなじく、稲作農耕を基盤とする東南アジア諸地域の民俗文化のなかの、「聖なる石」信仰と奥深いところでつながりがあるように思われる。

図2　沖縄本島糸満の「石敢当」

八重山のビジュル石

だが、東南アジアと日本の農耕をめぐる信仰を比較するその素材としては、八重山群島与那国《よなぐに》島のビジュル信仰をとりあげる必要がある。この島は日本の最南端であるが、このビジュルとよばれる自然石は、稲作農耕の儀礼と深くかかわっているという点が興味深い。保仙純剛の調査によれば、ビジュルは田の真ん中や端に立てられている。田植が終わると、牛骨の汁あるいは犠牲として殺された鶏の煮汁が供えられ、田植儀礼に参加した男性たちは、その煮汁を食べる。その後、鶏の頭・骨・羽根などを田のなかに埋めるか、投げ入れる。稲作と「聖なる石」との関係は、もともと八重山古文化層にひろく存在した民俗信仰であったと考えられる。

これとひじょうに共通する民俗が、東南アジアのあちこちにみられる。ほんの一例であるが、ボルネオの北部、サバ州においては稲作水田の真ん中や端に等身大の自然石が立てられている。後代にはときには自然石の代わりに木製の男性像や女性像が立てられることもあった（トム・ハリソン夫妻著『サバの先史学』〈『サバ協会雑誌』モノグラフ〉第九巻、一九六九～七〇年、英文）。しかし、これは原理的には「巨石文化」の変異であろうが、死者の記念碑（または勲功を記念して）であったり、葬送儀礼の地を記念するために自然石を立てたりした場合もあるので、灌漑と稲作の豊穣儀礼とも結びついているようである。

境界石

それから、琉球文化における「聖なる石」信仰として、もう一つ注目しておかなければならないことがある。それは海のかなた、ニーランまたはニールとよばれる異界と、この世としての自界との境界におかれる「ニール石」とよばれる境界石である。これは、海のかなたからユー（世）とよばれる豊穣の霊力を迎えるための儀礼をおこなう境界石であるが、この「聖なる石」の祭場的性格は、「磐境《いわさか》」の祭場的性格と共通するものがあるように思われる。

また、宮古島の海岸には等身大の「人頭税石」がたっているが（この石の高さまで背丈がのびたときに、当人は人頭税の対象となると伝えられているはかり石）、これもすでに柳田国男によって「はかり石」の一口碑であると指摘されている。しかし、これなどは、わたくしは八重山の竹富島の西海岸にたててある「ニーラン石」とおなじものであろうと考えている。つまり、その石がある場所は、季節のある定まった日に、海のかなたの世界に豊穣の招来を祈願する祭場であって、石を通して神々がこの集落に訪ねてくるものと信じられてきたのである。いわゆる「世《ゆー》むかえ」とよばれる夏の神迎え神事で、島の女性司祭者数人によっておこなわれる。島の人たちは、ニーラン石の外側（海側）をあるくことはしない。石の内側（島内側）をあるくようにしている。石の外＝海側は異界と考えられてきたからである。

さきに磐座の祭祀的性格にふれたが、巨岩信仰とおなじように大小の石をしきつめて、特定の祭場をつくったり、あるいは円形状にならべて、やはり祭祀場にしたりする信仰がある。このような祭祀空間を「岩境《いわさか》」とよんでいる。これも石を通して霊的空間を形成するという意味で注目する必要がある。また、縄文時代や弥生時代の住居や集落の遺跡の最近の発掘によって、岩境を思わせるような祭祀遺跡が数多くみられるようにもなっている。

11　アニミズムのとらえ方

アニミズムの意味

樹木・岩石その他さまざまな自然物に霊的存在を認め、それらを信仰するという現象は、すでにその一部をみたように数かぎりなくある。このように自然物の霊的存在を信仰したり、また後に述べる人間や死者に「生霊《いきりょう》」や「死霊《しりょう》」のあることを認め、さまざまな儀礼をおこなう信仰を、文化人類学（比較民族学）や宗教学では、アニミズム（animism）とよんできた。

アニミズムの語と概念を唱えたE・B・タイラーによれば、これはすべての事物には霊的存在があるという原初的信仰であると考え、これをもって宗教の起源とみなした。そしてタイラーは、アニミズム論のなかに二つの問題を設定した。一つは霊的存在の観念はいかにして発想されたのであろうか。二つ目は、ひとたび形成された霊的存在は、その後どのような進化の過程をへて宗教的発展をしたのであろうか（『原始文化』二巻、一八七一年、英文）。

わたくしはここでは、発生論的な解明とか、進化論的な宗教的諸観念の発達の問題についてはとりあげない。タイラーも指摘していたことであるが、わたくしの関心は、現代人および過去のさまざまな文化のなかに、アニミズムの信仰が深く根ざしていて生きつづけていることの意味、あるいは種々の社会的・文化的装置を通して今もアニミズムが発現している、その形にある。つまり、アニミズムは人間の根源的な心情のひとつであると主張したいのである。

タイラーの『原始文化』を訳した比屋根安定は、アニミズムの語は、もともと語根をアニマ（生気）とする英語アニマル（動物）、アニメート（生きている）、アニメーション（活気）からきているとして、「生気説」と訳した。まことに内容をよくあらわした訳語である。しかし、ここでは、アニマの語意や語感を生かす意味でアニミズムと表記する。

アニミズムについてのタイラーの説明をごくかんたんにいえば、あらゆる事物には「生命」が存在するということである。死とは身体から生命の力がはなれていったことで、この説明はのちに述べる東南アジア稲作農耕民の死にたいする考え方とまったくおなじである。たとえば、フィリピンのボントック族は死というものを、その人間がもっていた霊的存在が肉体からはなれていって、アニート霊になることと考える。一方、遺体は土にかえって生者にとっての畏怖や儀礼の対象とはなりえない。生者にとって重要なことは、共同体内の共通の死霊を慰撫し、供養することである。タイラーの言葉を借りれば、「自然の生命化」である。

自然の霊化

また、アニミズムのような原初的考え方の根源は、人間の尺度によってすべての事物をおしはかるものだ、とタイラーは考えた。生者の考え方・生き方を死者の世界に適用して、死霊とその種類およびその生活まで組み立てていくのである。そして植物や動物、樹木・石などにまで霊の存在を人は信じるようになる。さらに、「自然の生命化」が発達すれば、さまざまな神霊、たとえば動植物崇拝にもとづくトーテミズムや、最高神や唯一神の宗教へと人々の信仰は発達するとみるのである。そして、そこには善霊と悪霊という二元論的な思考が形成され、それが死霊にまで適用される。

だが、アニミズムをあまりにせまく規定して考えると、世界の多様な宗教文化を理解することが困難になる恐れがある。最小限あるいはもっとも基底的なものとして「自然の生命化」あるいは「自然の霊化」としてアニミズムをとらえるとすれば、宗教文化あるいは民俗宗教をかなりの幅をもってとらえることができるように思われる。そしてとくに「生者」と「死者」と、また「この世」（自界）と「あの世」（異界）との関係でみてゆくと、死後に存在する「死霊」信仰の普遍性、死霊にたいする畏怖と愛着（追憶）、生霊と死霊の二元論をともなう「死霊アニミズム」の世界は、基本的な民俗宗教としてみることができるように思われる。

以上のようなことをふまえ、小著は、死霊アニミズムの世界を墓（地）と社会生活とのかかわりのなかで、その諸現象の一端をみていこうとするものである。

そこでつぎに、まず日本列島社会における「死霊アニミズム」のさまざまな姿について、二、三の事例にもとづいてかんたんに述べておこう。

日本列島における死霊アニミズム

御霊信仰と下北の恐山

ミタマ迎え

死者の霊が暮れの十二月晦日の日にきて、正月元日の夜明け前ごろに異界にかえっていくという信仰をもとにした「ミタマ迎え」の行事は、新潟県や長野県、あるいは関東地方の一部でも伝えられていた。そして、このときには、「ミタマ飯」を仏壇のなかに供えるという事例が多くみられる。この習俗が正月儀礼の一部になっていることに注目した柳田国男は、つぎのように述べている。

今日最も普通と見られて居るのは、大晦日の晩もう年取の祝も済んでから後に、別に白い飯を炊いてみたまの飯の用意をする。稀には年取肴に手を触れる前に、まだ精進の手でこの握飯を作るとゐう例もあるが、おむすびに握つて供へるのは東北六県が主であつて、信州などは一般にこの飯を折敷に紙を敷いた上へ、又は木の鉢にたゞう づ高く盛るだけである。江戸の近くでも八王子辺から甲州にかけて、もとはやはり鉢 や盆にこの飯を盛つて供へたといふことが、立路随筆などには見えて居るが、今日は 恐らくもう廃してしまつたことであらう。ともかくそれを御先祖さまに供へてから、 いはゆるお仏壇の戸を閉ぢてしまつて、正月三箇日の間は明けずに置くといふことは、 どの土地でも大よそ同じであつた。（柳田国男『先祖の話』）

祖霊、あるいは死霊をむかえるこの行事は、柳田によれば、もともとはけっして不吉な ものではなく、このときにつくった「ミタマの飯」は保存しておいてさまざまな行事のと きに使う。また、種を播《ま》くときにこれをいっしょに播けば豊作になると信じていた地方が ある。信州北部あたりでは、「ミタマの飯」は家の主人だけが食べたり、東北地方では家 の継承者のみが食べたりしていて、これは家の継承とからんだ信仰であった。

ミタマの死霊的性格

暮れから正月にかけての「ミタマ迎え」は柳田がいうように、作物の豊穣 にたいする霊力や、家の継承にたいする霊的認知の働きをもっていること は確かである。しかし、同時に死霊のもつ負の性格が考慮されて、浄とし ての正月行事と相容れない性質もはっきりと信じられている。たとえば、柳田が述べているように、下伊那郡あたりでは、年内に死者のあった家では、「初ミタマ」と称して、高盛りにした「ミタマの飯」に何本もの箸をたてて、年神《としがみ》を祀る棚に供える。そして、近親者や近所の人がそれをおがみにくることを「ミタマ参り」とよんでいた。年内に死者を出さなかった家は、このようなことはしないという。

上に述べたような、新しい死者をとくべつに祀るということは、新死霊はとくに注意ぶかく年越しの時期に祀り、そしてそれを儀礼的に封じこめたり、あるいは仏壇を正月期間中閉じたりして、再生の年を祝ったものと思われる。このように新死霊、いわゆる「荒御霊《あらみたま》」または「荒忌《あらいみ》」のまつりは、たんに新しいという意味でなく、荒々しい、そして不安定な性質をもった死霊を鎮めるためにおこなわれた死者祭祀であって、これは正月行事のなかの、死霊アニミズムとの関係を示すものである。つまり、死霊の負をとじこめると同時に、死霊の正を、その年のいくつかの節目のなかで発揮させるものと思われる。死霊のもつ両義性のあらわれであろう。

「天皇の御霊《みたま》」という表現がみられるように、「ミタマ」思想は、日本人の霊的世界にあって、その基層を生成してきたものと思われる。もっとも、この「ミタマ」は、死霊にたいしてのみ用いられたものではなく、生霊にたいしても用いられているようである。四国の徳島県あたりでは、お盆のときに、親にたいしてますます健康であるように、魚などの食物をおくって、これを「生ミタマ」といったり、あるいは「生盆《いきぼん》」とよんでいるという。

下北の恐山

さて、下北半島の恐山《おそれざん》は、死者の留まる聖地であり、異界である。恐山信仰の起源は古く、おそらく中世初頭またはそれ以前から信仰されていたものと思われる。そしてこのころには、恐山の聖域は、宇曾利郷とよばれていて、すでに民俗信仰として死霊の宿る異界であったと思われる。そして、近世に入ると若干の記録があらわれてくる。たとえば、菅江真澄《すがえますみ》の旅行記『牧の冬がれ』などがそうである（宮本馨太郎・胡桃沢勘司『さいはての霊場恐山』観光資源保護財団、一九七七年。以下、この資料にもとづいて恐山の略史・概要を説明する）。

恐山信仰の沿革については、つぎのような縁起が伝えられている。つまり、天台宗の慈覚円仁大師《じかくえんにんだいし》開山説であるが、これはあくまでの伝承であって、それを説明する史料はみあたらない。中国の唐の時代に、彼の地で修行していた大師の、ある夜の夢のなかに聖なる僧があらわれる。大師は、日本の東方に温泉の湧く霊山があることを教えられ、帰国したらそこに地蔵をつくり、寺を開くことを告げられた。大師は帰国後、奥州松島に青龍寺を、山形に立石寺をそれぞれ開いたが、のち恐山の最高峰釜臥山に立ち、その眼下に水を湛え

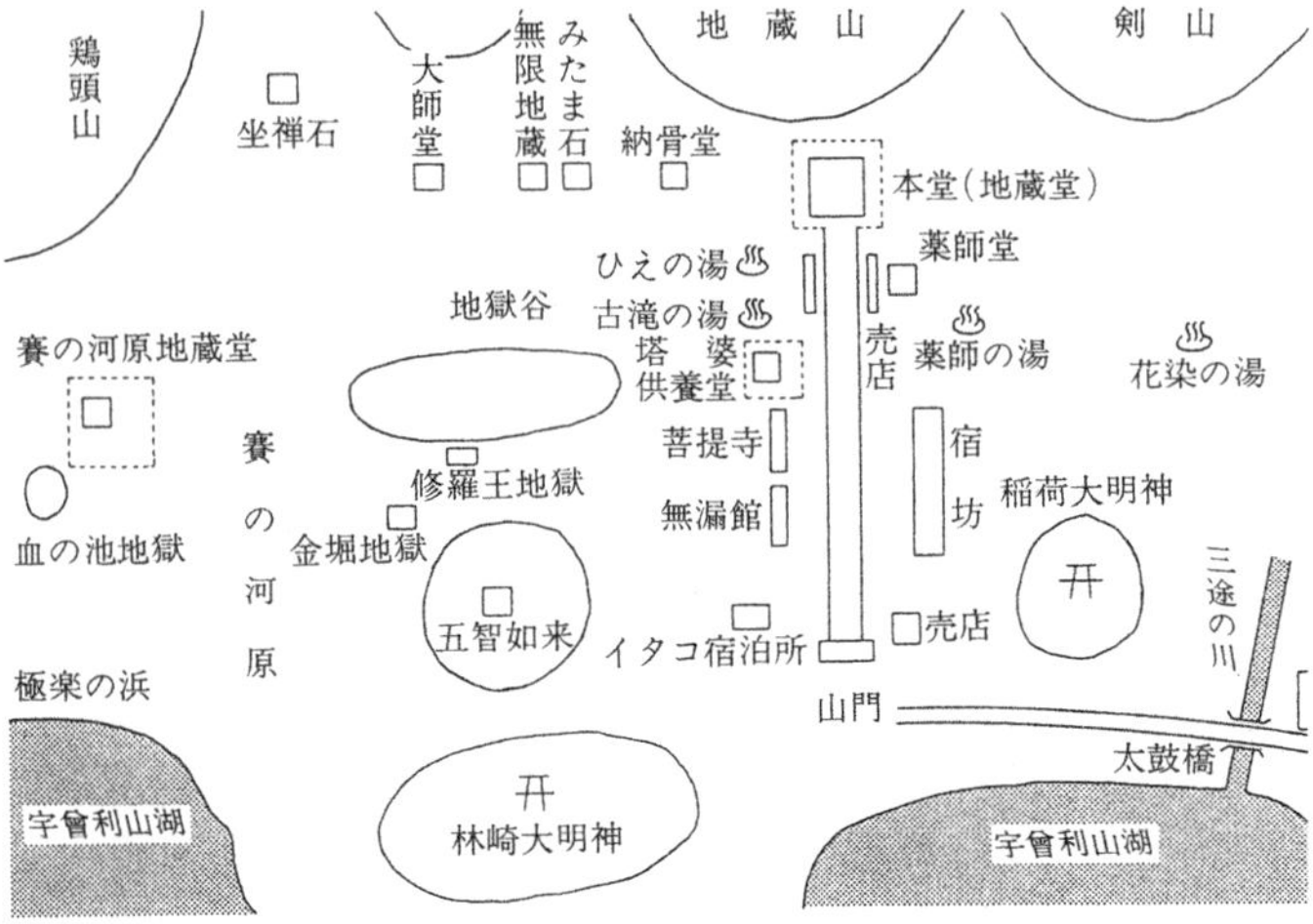

図3　恐山略図

た宇曾利山湖を発見した。そして、その周辺に温泉が湧き出ているのを見て、ここが夢のお告げによる霊山であることをみとめ、大きな石の上で坐禅《ざぜん》をくむ。これが現在伝えられている「坐禅石」である。そして、お告げにしたがって、庵《いおり》を結んで一体の地蔵を刻んで安置し、現在の「地蔵堂」の基《もと》を開いた。それは貞観四年（八六二）であると伝えられている。

現在は曹洞《そうとう》宗円通《えんつう》寺が管理しているが、これは十六世紀以降であるといわれている。夏と秋に大祭が開かれるが、とくに現在では、夏季大祭として新暦の七月二十日から二十四日におこなわれるものが名高く、この例祭には、イタコとよばれる霊的職能者が数多く集まり、近親死者との交流を願う依頼者のために、死霊をよび出し、霊託をあたえている。

恐山の祭祀空間

恐山は加賀の白山および越前の立山とならんで、いわゆる「地獄三山」とよばれることがある。恐山は標高八〇〇㍍余の火山地帯であるが、かつての火口はしずかな、ふかい青味を湛えて神秘な雰囲気をただよわせている。これが、宇曾利山湖である。そして、この地域への入口は、恐山の「三途川」によって、「この世」と「あの世」とに分かれている。かつては三途川にかかった橋を渡る際、罪あるものはここでつまずくといわれていた。この聖域には血の池地獄、重罪地獄など、八大地獄があって、地獄の世界をかいまみる景観がある。またその半面、極楽浜あるいは境内の地蔵堂における極楽浄土がある。そしていわゆるつぎのような「地蔵和讃《わさん》」が世間にひろくうたわれてきた。

これはこの世の事ならず
死出の山路の裾野なる
賽《さい》の河原の物語
聞くにつけてもあわれなる
二つや三つや四つ五つ
十にも足らぬ幼児《おさなご》が
賽の河原に集まりて
父恋し母恋し

恋し恋しと泣く声は
この世の声と事変り
悲しき骨身に透すなり
かのみどり児の所作として
河原の石を取り集め
これにて回向《えこう》の塔をつむ
一重《ひとえ》積んでは父のため
二重積んでは母のため
三重積んでは故里《ふるさと》の
兄弟わが身と回向して
昼は一人で遊べども
日も入りあいのそのころに
地獄の鬼があらわれて
やれ汝ら何をする

わたくしがここを訪れたとき、宇曾利山湖の湖岸にある「賽《さい》の河原《かわら》」には、幼童の死者を弔《とぶら》うセルロイド製の玩具風車が悲しい音をたてて、たくさんまわっていた。早朝の宇曾利山湖畔はまさに死霊の異界そのものの風景であった。

幼童霊などの口寄せ

幼童を失った親たちはこの恐山に参詣することによって、わが子の死霊が鎮まり、安定すると考え、かつ自分たちを納得させてきたのである。「地蔵和讃《わさん》」にも、幼くして死んだ子供たちが、この世で親・兄弟に報いることのなかったことを悲しみ、河原で石を積むことによって、報いを求めるのだと伝えられる。幼童死霊が積みあげた石を、鬼たちがいじわるく、つきくずしてしまうので、それを悲しみ恐れた幼童死霊は、地蔵に助けを求めているのだと信じられてきた。そこで、幼い子供を亡くした親たちは亡き子の供養のために、河原で石を積むのである。そこには多数の石積みがみられる。そして、「賽の河原地蔵堂」には、亡くなった幼な子の遺品が数多く納められていて、独特の風景を生み出している。

さて、霊的職能者のイタコが参詣者の求めに応じて死霊をよび出す「口寄《くちよ》せ」が大祭ではおこなわれるが、森勇男の採集した、亡き夫の死霊をよぶ妻にたいするイタコの口寄せの例をあげてみよう（森勇男『霊場恐山物語』一九七五年）。

　そもそも奥山々のことだじゃナ、おらの身は仏の道になって、どれ守って、どれ守らねずことないども、おらもまた身に入れてもいたわしくないほど案じられたお前をなげ捨てて、この道に入ったじゃナ、この娑婆《しゃば》ただねばならネェことだべェど、涙にくれた事もあったども、奥山々のことだじゃナ、仏もこれから、お前もどうでも長く栄えて、宝のうけるまでも、孫子のゆく末までも栄えて行くべェし。

　おらの身は仕方のないことじゃナァ、わが内々のことであれば、今日より外に出て働くについても、荒い事故も起させたくない。荒い風にも当てたくないヤ、雨降れば雨傘にもなりたい。廻って守り神にもなりたいども、ほかでもない仏の身ともなれば、何んぼ守り神といっても、われ先に見えるわけでもない。情ないようで気の毒なことだども、これから長く栄えて、お前達はどうでも、よその友達といそいそと栄えて、だから孫子の果てまでも栄えてござれェよ。

どうでもよその友達と肩を並べて神栄えに栄え、寺林に参ってくれ。その時ァ喜んでござるべェ。次の日にたってみれば、今日よりほか、働くについても、何商売につけても自分の体に似合せねェことしないようにして、細く長くということあるじゃァ。

お前も十月二十五日の頃は雨月が重なって案じられることについてよく心に手をあてて、また十一月十三日の頃も心掛けてござれェし。それ過ぎれば十二月三十日頃は宝達のおかげであまり大きな心配ごとでもないようだけどよくよく心してくれべェし。

また、嫁に違いごとあったならば内々でくどくべし。朝夕過ぎそれでも違いごとしたならば三日（さんにち）先からも心がけあれば変りごとなかるべし。三日の日きたならば何差上げたらよいかと心掛け、うち花々しく暮してくれべし。

行った来たと孫子の情をかけ、やさごの代まで睦まじく暮して万事頼んでくれェ。いま呼ばれて仕事の事、七日七夜の苦行のかれて喜びで帰る。そのあと頼みいる喜んで戻るわが身の寺参り、戻りの浄土。

イタコ・カミサマ・ホウニン

イタコとカミサマ

池上良正によれば、津軽地方の民間霊的職能者には二つの系統があるという。一つは「イタコ系」、もう一つは「カミサマ系」である。

イタコ系霊的職能者は、一般には盲目または弱視の女性で、生活の場を確立するために、師匠に弟子入りしてかなりはげしい修行をおこなうものである。弟子入りの時期は初潮前であることが理想である。師匠の家に弟子入りして家事などを手伝いながらさまざまな経典・和讃《わさん》・祝詞《のりと》・祭文《さいもん》などを習い、修行をするのである。数年の修行ののち、カギツキとよばれる成巫《せいふ》儀礼がおこなわれる。つまり、憑霊《ひょうれい》の体験を成しとげるのである。

成巫儀礼の場所は師匠の家または近くの神社の社務所あたりに行場《ぎょうば》をつくり、そこで二一日間または一〇〇日間の行をおこなう。そのときには、塩断ちその他さまざまな禁忌を実行し、心身をていねいに痛めつける。そしてこのような身体的状況のなかで、その他のイタコたちにかこまれて、お経や和讃を唱えつづける。そうこうするうちに、修行者本人がバッタリ倒れる。このとき修行者に霊がついたと考えられている。その結果、特定の神霊が修行の者についたということになり、一生その憑《つ》き神《がみ》をおがみつづける。

口寄せ

イタコの霊的働きは、占いや祈禱もおこなうものの、その本来の職能は「口寄せ」である。つまり、死霊をよぶ「死に口」またはホトケオロシがほとんどであるが、ときには遠方にある生者の霊をよぶ「生き口」、つまり生霊《いきりょう》をよぶこともある。ふだんの口寄せ以外には、先に述べた恐山の夏季の大祭や青森県の西津軽郡金木町の川倉地蔵尊例祭などのいわゆる「イタコの市」でおこなう。

他方、カミサマ系霊的職能者は、病気、家庭の悩みなど、肉体的・精神的な苦悩をきっかけに信仰の道に入り、神霊や祖霊との対話や独自の「修行」などをつづけるうちに、苦難を克服するとともに特殊な霊能力を授かった人たちである。女性が多いとはいえ、男性もいるという。

カミサマ系霊的職能者は一般的には、神霊との交流を中心として霊能を発揮していて、「カミの道」と「ホトケの道」とはちがった世界であると考えている。イタコのような死霊の口寄せを嫌う傾向があるが、しかし人々のつよい要望にしたがって、カミサマ系霊的職能者が死霊の口寄せをおこなう例が近年では多くなっているようである。では、カミサマ系霊的職能者の「カミ」とは、どのような性格の霊的存在なのであろうか。死霊とまったく性質を異にした存在なのであろうか。少し問題が残るところである。

図4　イタコの口寄せ（佐藤憲昭氏撮影）

ナナクラ降し

さて、イタコによる口寄せの場合でも、事故などの変死者の霊をよぶ場合には、複雑な事情となっている。たとえば、未婚の若い人が亡くなった場合とか、小さな子供を残して親が死んだ場合など、死者のいろいろな思いが残り、そういった死霊の不安定あるいは祟りなどをおそれて、特別な儀礼的手段をおこなうことがある。

これが「ナナクラ降し」とか「船っこながし」とかよばれるものである。桜井徳太郎の説明をきいてみよう。

ナナクラというのは、ホトケを祀る七つの座ですね。祭壇に、お水も御供えも七組用意してそこでホトケを呼び出してやるんです。従ってそのためにたいへんな費用がかかり、たいへんな準備をしなくてはならない。昔は七ヶ村を托鉢《たくはつ》して歩いたらしい。門づけをしながら、こういう事情だからといって回向《えこう》の志を受ける。これを集めると七ヶ村ですから何俵かの量になるらしいんです。それから「船っこながし」というのは、口寄せのとき祭壇の前に長さ一メートル半くらいの模型の船を用意するんです。そこに帆をかけて、紙か藁《わら》の人形を二つ作るんです。一人はその死者を迎えにきた家の先祖です。もう一人は今亡くなった死者自身ですね。それを前にならべて、口寄せをするわけです。イタコによる巫儀《ふぎ》がすみますと、遺族たちが供物を載せた船をかついで念仏を唱えながら山の村なら川淵へ、海辺の村や湖畔の村ならばその岸へ運んで行って、そこから沖へ向って流すんです。そうすると、その船は水先案内で先祖がきているから、あやまりなくあの世へ行ける。こうして怨念《おんねん》をすっかりはらすと、何も思い残すことなくあの世へ行く。

死霊は山へゆくとみせて恐山の宇曾利山湖で、そして「船っこながし」のように、水界と深い関係のあることがわかる。

津軽地方におけるイタコ系霊的職能者の死霊口寄せは、いわゆるシャーマニズムの働きによって、生者と死霊との交流が果たされ、生者依頼者は、その霊託によって精神的充足を得る。つまり、ここに「救い」の構造がなりたってくるのである。佐々木宏幹は「シャーマニズムの根っこはアニミズム」であるといっているが、まことに正しい指摘である。

因縁罪障

また、津軽のカミサマの霊能の世界には、「因縁罪障《いんねんざいしょう》」の考えにもとづくものがあると、池上良正は指摘している。救いをもとめる依頼者に応じて、病気や不幸の原因をあきらかにし、それを解き放つために、災因論として因縁罪障が説かれる。その因縁には死霊・動物霊・生霊・神霊などがあげられている。ここでとりあげている死霊アニミズムに関係するような因縁話は「先祖」やホトケの霊にもとづくものであることが注目される。ホトケとは仏教者のいう悟《さとり》を得たものとしての「仏」ではなく、死者霊のことである。そしてまた「先祖」とは、日本の家制度の永続にもとづく始祖およびそれにつづく系譜による先祖の意味ではない。池上が正しく指摘しているように、かなり自由な意味で使われている。つまり、たとえばカミサマが口寄せをして、何代か前の先祖が祟っているというときには、父系などの一系性にもとづく家の先祖ではなく、依頼者からみれば父方の縁者であったり、あるいは母方の縁者であったりするわけである。したがって、ここでの「先祖」とは、後述の奄美地方などでみられる親族組織、つまり父方・母方双方をふくむ双系的性格の血縁関係である。カミサマにたいする依頼者の姿は、このような先祖やホトケとよばれる血縁関係の積み重ねのなかで生きているという、日本的人間関係の特質をみるようである。

因縁罪障の考えは、その人にとっては回避できない、そして無視することが不可能な宿命的なものとして受けとめられている。死者の霊威の重さを感じとり、受けいれているのである。日本人の宗教意識の奥底には、因果と応報をなりたたせている日本的な死霊アニミズムが伏在していることを知るべきである。そして、このような死霊にもとづく災因をとり除くために、祓《はら》いと供養がていねいにおこなわれなければならないのである。

五島のホウニン

津軽のカミサマと霊的職能者としての性格や霊能のあり方がきわめてよく似ている、長崎県五島におけるホウニンにも、その霊託において死者の霊にたよる側面があるようだ。

佐々木宏幹の調査によれば、ホウニンには男と女があるようだが、一般には女性の方が多いという。ホウニンは自分の家の一室に仏壇や神棚を設け、そこを霊的存在との交流の境界聖域としている。

病気や災いをもつ依頼者との関係をみると、一時的な関係・依頼にもとづくものも多いが、依頼者の信頼をえて、一種の司祭と信者の関係に発展する場合もある。後者の関係を、佐々木は「これをホウニンの呪術―宗教的性格の変化の問題、すなわち〝シャーマンのプリースト化〟」としてとらえている（佐々木宏幹『仏と霊の人類学』）。

ホウニンが依頼される願いごとは、病気・結婚問題、家庭内のいざこざなど、さまざまな問題であるが、そのなかで治病儀礼がもっとも重要な役割のようである。ホウニンは自ら信じている神仏に祈願し、その霊的力によって、ホウニン自身の身体のどこかの部分に、依頼者の病因の所在を示すことができると信じられている。これは霊的存在と霊的職能者との直接的な交流であり、また一種の憑霊《ひょうれい》の性格をもつものと考えられる。

生・死霊の祟り

さきに述べたように、ホウニンが信仰している霊的存在からの霊託によって、依頼者の災いのもとになっている「因縁」の解明が、ホウニンの身体表現として示される。そのときには、ホウニンは半ば忘我の状態にあり自らが霊託によって示した、言葉や動作はほとんどおぼえていないという。

因縁は、生霊・死霊などによる祟りがもっとも多いようである。因縁のもとが、死霊などの霊的存在による以外にも、たとえばカゼとよばれる、原因不明の異様な身体的・精神的状態に追いこまれることがある。カゼの説明はホウニンそれぞれによって異なっていて、ときには海で死んだものの死霊によるという解釈があるが、一定していない。しかし、前者のように、生霊・死霊などが原因である場合には、供養やお祓いによって、カゼなどのような場合には、お祓いのみによって解決されている。

アイヌの霊的諸相

自然への祈り

金田一京助は、アイヌの霊的世界の性格について、つぎのように述べている。

棲息する天地、休息する家、使用する器具、一々神である。猟に出でては山の林へ祈り、枝川の水神に祈り、狩の神に祈り、沖へ出て、風に逢っては祈り、雨に叩かれては祈り、波に脅かされては祈り、猟が無ければ、有る様に祈り、有れば有った喜びを告げて祈り、家に居ても、不幸に祈り、喜びに祈り、変災に祈り、病気に祈り、イナウを掻けば祈り、酒を得れば祈る。

アイヌの霊的存在は、金田一京助の言葉によれば、「日本の神とは日本人其まゝ、そしてアイヌ人の神は実にアイヌそのまゝの神である」という。つまり、アイヌは「神」(霊的存在)を祀る場合、必ず酒を捧げるが、その理由を金田一は、霊的存在は酒をもっともよろこぶというアイヌの「民俗知識」によって説明しているが、また、実はアイヌ自身が酒好きであるから霊的存在もそうであるにちがいないとも、金田一はその観察によって説明している。

アイヌの死霊

さらに金田一はいう。アイヌは葬式を出したあとは、かつてはその家を焼いたという。しかし、いまでは(金田一の調査した明治末・大正時代)家の壁をこわして運び出し、そのあとただちにその壁を修理して、死者出口をふさいでしまう。これは、外にとび出した死霊がふたたび家のなかに入ってこないようにするためであって、アイヌは死霊をひじょうに畏怖していた。そして、死者を埋葬した墓地には、供養のために訪れることをしなかった(金田一京助『アイヌの研究』一九二五年初版。一九四〇年改版、八洲書房)。

伝統的なアイヌ社会では、霊的存在ラマッあるいはラマチ(心臓の意)がみとめられている(山田孝子『アイヌの世界観』)。この霊的存在は、人間はもとより生物・無生物を問わず、あらゆる事物に存在していると考えられている。またイノトゥという語は、日本語の

「命」からきたといわれているが、これは死霊をあらわしている語として歌謡などに使われているという。アイヌの考えでは、生命を支える霊と、他のさまざまな霊とが言葉のうえではっきり区別されていないということである。

そして、霊が身体から抜け出てしまうことが、その人の死を意味する。しかしまた、ラマッが身体から一時的に抜け出してしまうことが、必ずしも病気の原因になるという観念はなかったと、山田孝子は断定している。

カムイ霊

人は死ぬと、カムイ（一般に「神」と訳されている）となり、その霊ラマッは下界に下っていく。山田によれば、「人が死後神になるという考え方」こそ、アイヌの霊的世界の基本的特質であるとみる。

そして、アイヌの死者をおくる祈りの祭文の分類から、山田は、つぎのように結論をあたえている。

この祈詞のなかの「カムイラマッポ」という言葉や、人魂を示すアイヌ・ラマッという語彙が示すように、アイヌは人間の魂と神の魂を区別している。人間には人間の、神には神の「霊魂」があると考える。そして、霊魂は永遠不滅であるとしても、人はその死によって、魂そのものが、人間のものから神のものに質的に変化するのである。

この質的変化によって人はカムイになると考えられたのである。念のため引用された祭文のごく一部を紹介しておこう。これは、金田一京助の『アイヌの研究』から引用されたものである。

わたしのほけさまよ／わたしの涙子よ／わたしのいふことを／ようく聞きなさいよ。／今はもう／お前は神様になつて／神様の魂がはひつて神様の格好をして／ゐるんで／……

さて、カムイを日本語の「神」、つまり死霊と別性格の「神霊《しんれい》」の意味に訳したことがはたして適切であったのであろうか。東南アジア農耕民のなかには、生きている人の「生霊」をあらわす語と死んだ人の「死霊」をあらわす語とが異なる事例はたくさんある。また、琉球文化でひろく使われている霊的存在マブリには、生きている人の「生きマブリ」と死んだ人の「死にマブリ」という区別もある。人のもつ霊的存在が死を境にしてちがった語で表現されたり、あるいはなんらかの分類化によって区別したりすることはとくにめずらしくはない。このような事例を考慮すると、カムイ＝神なのか、さらに検討する必要があるのではなかろうか。

アイヌでも、他の諸民族とおなじように、自殺した人あるいは殺された人などの死霊は、危険であると考えられ、他人に憑《っ》いて病気をもたらすと考えられている。そして、このような死霊は、必ずしも死霊の行き先「カミの国」にいけるわけではなく、ときには幽霊となってこの世をさまよっていると考えられているという。

いずれにせよ、アイヌがもつ霊的存在ラマッは、永遠不滅であり、あらゆる事物に宿っているという考えは、まさに死霊アニミズムを基礎にした霊的世界であるように思われる。ただ一つアイヌの霊にたいする考え方の特質があるとすれば、「人間はとくに死後、カムイの魂を吹きこまれてカムイに変化するのである」（山田）、ということになる。

墓の民俗

墓の「お魂」

お魂入れ

新しくつくられた墓石・イハイ・仏壇・塔婆・仏像などにたいし、「お魂《たま》入れ」の供養をおこなって、それらに霊的存在をみとめる、いわゆる「開《かい》眼《げん》式」がひろくおこなわれている。一般的には「お正念入れ」とよばれているが、仏教世界では、宗派によって、多様にして複雑な定められた儀礼的行為がある（藤井正雄編『仏教儀礼辞典』東京堂出版、一九七七年、参照）。たとえば、墓に関連してお魂入れをみると、真言宗の作法によれば、墓を新しい場所に移す場合、「移土」つまり古い場所にあった墓周辺の土をもってきて新墓所の中央および四方におく。細かいことをのぞけば、その後合掌して、つぎのような唱文をあたえる。

それ大海に袈裟《けさ》を浮べれば、金翅鳥王《こんじちょうおう》、竜を害《そこな》うこと莫《すく》なし、大地に袈裟を敷けば堅牢地神、人を祟《たた》ることなし。故に解脱幢相福田衣《げだつどうそうふくでんね》を敷き、不生不滅三摩地を乞う。地天ならびに眷属、納受を垂れたまえ。

佐々木宏幹によれば、「開眼式は入魂《じゅこん》式であり、そのことによって、物体が霊魂をもつ生きた存在」になると考えられるという。つまり、これも自然的存在あるいはたんなる物体に生命をあたえ、言葉をかえれば霊的存在と化するということになる。日本では、このような意味づけが仏教界において十分な説明が認識されているように思えないとみた佐々木は、とくに東南アジアにおける華人社会のなかに明確なお魂入れの霊的活動をみた（佐々木宏幹『憑霊とシャーマン』東京大学出版会、一九八一年）。

東南アジアをはじめ各地の華人（華僑《かきょう》）社会では、新たに家屋を作ると内部に神棚を設え、観音や土地公、関帝などの尊像を祀ることが仕来りになっている。依頼していた二〇センチ大の金色燦然たる神像が出来上ると、家人はこれを廟に持参し、入魂式をしてもらう。

墓石の死霊

私事になるが、昨年（一九九五年秋）島根県庁林野局浜田支所からとつぜん一本の電話が自宅に入った。それは、浜田市の内陸、広島県との県境近

図5　「お魂抜き」法要（島根県石見地方）

図6　「お魂入れ」法要（島根県石見地方）

くにわたくしの亡父の名義による墓地二つが存在すること、およびそのうちの一つが、県が企画している新道づくりに直接にかかわるので売却して欲しい、という用件であった。わたくしは亡父から郷里島根県に墓地があること、その一部は広島県内に移転し、残された墓地もかつて新道づくりのために一部が買収されたことはきいていたが、それ以外に二つの墓地とわたくしの家に直接かかわりのある小さな社《やしろ》と境内があることはまったく知らされていなかった。いろいろ事情をきいてみると、昭和初期に複数の人に父が先祖伝来のかなりひろい山林を売却し、その地域のなかに二つの墓地と一つの社があったということである。

墓地における墓石の存在を報告してきた県庁側によれば、一番古い年号は元禄十一年(一六九八)、宝暦七年および十一年(一七五七および一七六一)、明和二年(一七六五)などであった。

さて、県庁側との交渉はすべて終わり、墓地の一つが買収されることになり、古い墓石(年号がきざみこまれたものと自然石のものとが多数)をもう一つの墓地に移転させなければならなくなった。そのために、九六年の夏、曹洞宗の僧侶を招き、移動すべき墓石の「お魂抜き」儀礼ともう一つの墓地での「お魂入れ」がおこなわれ、わたくしの先祖たちが無事に別の墓地に安置された。

日本の仏教者が、死者の霊的存在にたいし、どのような教義的態度をもっているのかはたいへんむずかしい問題である。ともかく曹洞宗においては、地元の民俗宗教的次元との対応において、いろいろな諸条件のなかで対処しているのだ、ということがうかがえ、あらためて佐々木宏幹が長年にわたって追求してきた、仏教教義と民俗宗教次元としてのアニミズム的信仰との複合性が、大きな課題として存在することを実感した。そして日本的宗教意識の複雑な性格と、その分析への視点が容易でないことを知った。

墓の社会的性格

墓と墓地

墓と家族・親族との関係、および両者の関係の動態をみる場合、まず「墓」と「墓地」とを区別する必要があるように思われる。というのは、墓は死者のメモリアリズムにもとづいて建立された可視的存在であり、ある場所にたとえ一基のみであっても墓として人々からみとめられる。

しかし、墓の集合として一定空間を占める墓地は、それをささえている集落やさまざまな集団からみとめられていたり、あるいは最近の分譲霊園のように、そこに墓設定地を購入した不特定多数の人々から認められた空間である。もともとは、村落とか郷とかなどによって認められてきた前者の形態の墓地が歴史的形態であり、そこに注目してその社会的形態を考えてみたい。

しかし、便宜的に分類した墓と墓地との概念上の区分は相対的なものであり、両者の間における多くの共通性のあることも事実である。ただ墓と家族・親族との関係をみる場合、墓集合形態である墓地は、さまざまな集落の民俗宗教や家族・親族との関係が投影されていることもあり、ときには両者を総合する視野のもとで考察しなければならないこともある（たとえば、異界論・境界論・死霊アニミズムなど）。墓と墓地の形態は、それを有する家族・親族および集落の直接的な社会的性格と、霊的・宗教的性格とを反映していると考えられるが、とりわけ、両墓制にみられるように死霊祭祀とふかい関係をもつ。いわば、墓と墓地とは社会的・霊的複合の可視的表現であるといえよう。

墓の社会的諸形態

造形と素材からみた墓の諸形態が、死者の社会的地位や世代その他の社会的カテゴリーを析出する要素でもあるが、ここでは家族・親族、あるいは死者の祀られ方からみた墓の社会的性格を考えてみたい。

まず考えられることは、(A)血縁または系譜にもとづいてつくられた墓と、(B)血縁関係のない死者にもとづく墓、との二つの形態に墓を分類することができるであろう。

血縁または系譜にもとづく墓（形態A）としては、沖縄本島にきわだってみられる「門《もん》中墓《ちゅうばか》」とか、北陸地方の本・分家集団による「総墓《そうばか》」。これらをかりに「氏族墓」とよんでおこう。つぎには、「先祖代々之墓」とか「先祖累代之墓」などの標記でつくられた系譜にもとづくような墓がある。これを「家筋墓《いえすじばか》」とする。さらには、奄美地方で最近みられるように、二つ以上の家族が傍系関係にあって、遺骨をおさめる基壇を共通にし、その上に二つ以上の家名をしるした石塔をたてた墓を、とりあえず「双系墓《そうけいばか》」と名づけておきたい。

他方、後者（形態B）の非血縁者の関係または個人の死者を葬った墓としては、顕著なものは夫婦のみが入る単一の墓、つまり「婚姻墓」または「夫婦墓」。死者個人が祀られる「個人墓」。あるいは琉球の宮古群島の池間島《いけまじま》などのように、非血縁とか年齢の差がありながら親しい知人などの関係で墓を共にするものを、「寄り合い墓」あるいは「知人墓」とよんでおこう。さらにムラとか地域社会を基盤にした「集落墓（ムラ墓）」がある。

以上のかんたんな分類を整理するとつぎのようになる。

(A)血縁・系譜型――氏族墓・家筋墓・双系墓
(B)非　血　縁　型――婚姻墓・寄り合い墓・個人墓・集落墓

そこで、本節以下の記述の参考のために、墓の社会的側面にもとづく諸形態を要約して

図７　秋田県の総墓（森謙二氏撮影）

おこう。

氏族墓

氏族墓といえば、われわれがまず第一に想起することは、北陸地方や秋田の「総墓」と沖縄本島の「門中墓」とである。総墓は、森謙二によれば、北陸地方の真宗門徒の間でおこなわれている慣行である。基本的には本・分家集団、いわゆる同族集団が父系一族全体のために、共同の大きな単一の墓を設けることである。秋田県河辺郡のある同族集団の総墓例によると、ここではソウボといわれ、この墓には歯骨を除くすべての遺骨が納められる。歯骨は浄土真宗の大谷廟に納骨されるということである。総墓は、三段の雛段状で、円錐形風になっているものもあり、最上部から納骨する。

森の分類によれば、「総墓制」には三つの形態があるという。ひとつは寺を中心にした「寺院総墓制」であり、その二は、村落を単位とする「一村総墓制」、最後はここでとりあげた「同族総墓制」である。森のいう同族総墓制がいわゆる氏族墓とおなじ性質のものである。森によると、このような総墓制は火葬による浄土真宗地帯に多く見出されるという。

門中墓

他方、沖縄本島中南部にいちじるしい父系氏族であるバラ（腹）またはムンチュウ（門中）がやはり氏族全体の単一墓をもっている。とくに沖縄本島では、家号・家屋敷・先祖からの土地の過半数は、長男が優先的に継承している。二男以下は、原則的にはあたらしい家号と家屋敷ならびに若干の分与地を得て、分家をおこなう。娘ないし女系は、継承と相続の担い手とはなりえない。しかも、家の継承者なきときは、日本本土のように、非血縁の他系男女を養子としてむかえることなく、沖縄本島においては父系血縁からの男性養子に限定されている。父系血縁の再生産である。

こうした父系血縁で構成される門中は、原則的には共同の単一氏族墓を設けている。ということは、家単位の家筋墓などを積極的にもたないようにするという死者祭祀である。このような父系氏族は、ときには家族数が一〇〇をこえるような大きな集団となってい

図8　沖縄県糸満地方の氏族墓（幸地門中）

図9　第1次埋葬墓の棟々（幸地門中）

る。たとえば、観光対象としても有名な糸満市の「幸地腹《こうちばら》（門中）」は、数年前、墓建立三百年祭をおこない、日本本土や海外から多数の氏族成員が参加した。そのため、一日では祭りの執行ができず、二日間にわたっておこなわれたのである。そして、たとえ日本本土や海外で死亡した場合でも、のちに遺骨をしかるべき時期に氏族墓に納骨するという。

女性の扱いと子供

このような門中墓に葬られる人々は、父系血縁者の男性および他から婚入してきた女性が中心となり、これに未婚の子供たちが入ることになる。婚出女性は婚出先の門中墓に入ることになるのであるが、ただし離婚した場合、その女性をどこの墓に葬るか、しばしば問題になり、霊的職能者（ユタ）の介入を導いている。

以上の諸相は、あくまでも原則的な女霊の供養のとりあつかい方であって、さまざまな事情により変則の事態がとうぜんおこりうる。とくに先島《さきしま》地方（宮古群島と八重山群島）では、子供を産むことのできなかった妻は、生家の墓に葬られる例が多いが、沖縄本島では一般的には婚家先の墓に葬られる。離婚した女性が再婚し死亡したとすれば、再婚後、男子とりわけ長男を生んだ女性であるかないかによって、再婚先の家の所属する墓に入れるかどうかがきまってくる。つまり、女性は男子を産むかどうかによって大きな影響をうけるということである（くわしくは後述）。

沖縄本島の門中墓をめぐるもうひとつの問題は、七歳をこえた男子は潜在的に分家の資格をもっているということである。つまり、七歳未満の男児や女児は第一次葬で墓を別にする。いわゆる「子墓」埋葬の対象となる（後述）。たてまえとしては、七歳をこえた男子が死亡した場合には、もし土地などの財産があればあたらしい家号をあたえ、父系血縁内から男性養子によってその分家を再興するのがよいとされている。そのような実例は珍しくない。

兄弟合祀の禁忌

門中墓が高度に発達している場合には、とうぜん父系血族の男性と婚入女性などが葬られるのであるが、氏族墓を共にしながら、家族内部における死霊・祖霊の祭祀慣行をみるとまた別の様相があらわれている。すなわち、人々がチョーデー・カサバイ（兄弟重なり合い）とか、イチク・カサバイ（イトコ重なり合い）とよんでいる、同家屋内兄弟または父系イトコ合祀の忌避の慣行である。おなじ父系男性間にありながら、氏族墓における規定的合祀と、同一家屋内の合祀忌避という対立的現象がみられるのである。そこには父系氏族内における家筋の積極的独立の性格を読みとることができる。これに関連して、前に述べた離婚した女性をかりに生家先で祀るときには、仏棚の左端にしきりを設け、左端のとくべつな空間にその女霊を祀る。いわゆる「脇イハイ」祭祀の慣行をみることができる。最近ではこのような女霊をヤシキ空間の左隅またはヤシキ空間外の所有地片隅に小さな囲いをつくって祀るという現象さえ生じている。

ムラ墓・個人墓から双系墓・家筋墓

近時まで奄美地方では、集落の共同墓、いわゆるムラ墓内における個人墓が主であった。たとえば、奄美大島宇検《うけん》村では、各集落ごとにムラ墓があり、死者は個人単位に埋葬され、その上にヌバとよばれるサンゴ礁の板片をかぶせて墓とした。個人名その他を標記することなく、ただ近親者が親族関係にある墓の位置を記憶し、毎月一日と十五日に線香・花・水などを供え、墓参りをする。したがって、複数の近親者の墓をおまいりすることになる。後にやや詳しく述べるつもりであるが、沖縄本島の北部地方では同じように、一つのムラ墓が解体され氏族＝門中墓へと変化してきた。

一九八六年の十一月に宇検村を訪ねたところ、前に述べたような双系墓形態がいっきにふえ、墓地景観を一変させていた。この変化にはさまざまな理由があると思われるが、まず第一にあげられるのは、家単位ごとに墓をもつという外部からの影響である。第二には本土その他の地へ転出してゆく家々が増大して過疎化が進み、その時にあたって故郷の墓地を整備し、「ふるさと原点」を確立しておくために、費用を投じ立派な墓を建立したことによるものである。こうして、個人墓から家筋墓への願いをはぐくみながら、実際は多くが双系墓へと変化してしまっている。奄美地方はピキまたはヒキとよばれる祖先に基礎をもとめるような血縁概念がひろくみられるが、先述の沖縄本島のような父系氏族を形成するにいたっていない。むしろいまになお、双系的な親族関係が社会的にも儀礼的にも強調されている。このような親族組織の土壌のもとで、双系墓が形成されたのであろう。

他方では、個人墓から家筋墓へと変化する態様が、とくに、いわゆる「両墓制」地帯にみられる。両墓制というのは、一人の死者にたいし、実際に遺体を埋葬する墓と、遺体にかんするものを埋めずに、供養のみのために使う墓の二種類をつくる墓制である。その顕著な実例は近畿地方であり、わたくしが観察した志摩地方ではそれがひろくみられる。たとえば、志摩地方の菅島《すがじま》では集落外に「埋め墓」があり、そこに死者が埋葬されるものの、短期間を除いて埋め墓地を訪れることはない。その一方では、集落内の寺院の背後の山に「詣り墓」があり、さまざまな死者供養にはその墓地を訪れる。そこには遺体またはその一部すら葬られていない石塔の墓が密集している。その多くはかつてほとんどが個人墓ないしは婚姻墓、あるいはキョーダイなど血縁関係にあると思われる複数の名前をきざみこんだ小石塔群であった。しかし現在では、親族関係（双系的か）にあったと思われるこれらの小さな石塔を集めてならべ、その中央に家筋墓を建立するようになった。

墓の社会的（族的）・霊的性格からみて、「子墓」の問題に注目しなくてはならないであろう。

子墓

先に述べたように、沖縄本島南部の氏族墓にみられる、子墓に埋葬された七歳未満の子供たちは、世俗の社会的資格、つまり、家の継承とか分家の資格を獲得することのできない存在としてあつかわれている。このような事例は、多少とも様相を異にしながら日本本土においてもかなり一般的にみることができる。

奈良県下は両墓制の発達している地方として有名であるが、埋め墓の一部に必ずといっていいほど子墓の空間が設定されている。その位置をみると、埋め墓の入口、埋め墓の入口側の外部、あるいは傾斜地であれば最下段など、本来の埋め墓空間からみればもっとも劣位の空間に埋葬されている。子墓に葬られる上限年齢は一定していないが、十五、六歳未満のところもあれば、小学生までのところとか、まったく名付けもされなかった幼児という場合もある。

これらの事例にみられるように、年齢（世代）階梯のカテゴリー体系からみれば、ひとつには若者以前の子供たち、つまり「一人前」に達していない子供たちが子墓に埋葬される対象とされる。もうひとつは小学生以前の「幼児」カテゴリーの子供である。前者は村落共同体との関連で年齢または世代のカテゴリーからみて若者以前ということで処遇されているが、もうひとつの幼児カテゴリーにあたる子墓埋葬者は、もともと日本民俗文化の深層にある「幼童原理」にもとづいているものと思われる。すなわち、「社会的人間」またたは「一人前」への昇格を前提とするような、共同体から期待されていない存在ということができる。と同時に、このような幼童はなかば社会的存在でもあるが、本質的に霊的存在としてみられているからである。言葉をかえていえば将来において若者になり結婚し、子供をつくり家族を形成して、のちには共同体の長老として、地域社会全体に責任をもって一生を終えるという存在以前の存在だからである。

子供は、世俗の社会生活からみれば劣位であって、それを反映して、それに照応するような空間に埋葬されるのであるが、逆にいえば、日常的生活世界に組みこむには危険な存在として考えられてきたということでもある。つまり異界の子であり、「異人」として分類化されていたからである。

以上、墓あるいは墓地の社会的性格と、死者の葬い方についてのスケッチをこころみた。

そこでつぎに、「埋葬と祭祀」あるいは「墓参り供養と死霊」という、墓と死者祭祀の動態をよりくわしくとりあげる。またつづけて「両墓制」をめぐる二、三の問題へと記述をすすめることにしよう。

埋葬と祭祀

いわゆる総墓

本・分家墓

秋田県河辺郡あたりでは、古くから本家と分家の全家連合の死者が、一つの墓に合同で納骨される習慣がある。東北地方ではこのような集団をマキとよぶところが多いにもかかわらず、同郡の雄和《ゆうわ》町では、本家分家集団のことを「一族」とよんでいる。たとえば、ある一族は、本家からの直接分家八戸とさらにその分家、つまり孫分家四戸、計一三戸であるが、この一族は集落のはずれに「総墓《そうばか》」とよぶ共同納骨塚をもっている。森謙二の調査によれば、総墓は三段の石垣でつくられた円錐形状の塚であり、その周辺はさらに木の柵でかこんである。墓の正面には大きく「総墓」とかかれ、向かって右側面には「文政八乙酉年仲夏」、左側面には「水澤邑　伊藤同苗中」とかかれている。

総墓へは、死後四九日の法要のあと、歯骨を除きすべての遺骨が納められ、歯骨は京都の真宗大谷廟に納骨される。納骨は総墓の頂きにある石塔の笠石をとり、上から納められる。総墓のなかはかなりの面積で、その底は土のままである。一族の人の説明によれば「一族は死んでみんな一緒になり、土に帰る」という。毎年八月七日のいわゆる七日盆には、一族によって総墓の清掃がおこなわれ、そのあとで墓前において酒宴が開かれる。関係者にとっては総墓は「一族の象徴」と考えられ、一族の団結は総墓の存在によって支えられている、という。また人によっては、「現世では本家分家の間に差があるが、仏の前では平等である」と説明する。森謙二は、これは浄土真宗の教義にもとづいた考え方であろうという。

総墓の諸形態

また総墓には、すでに述べたように、一村落を単位としている場合の「一村総墓制」さらに本家分家集団が一つの墓によっている場合を「同族総墓制」とよんでいる。つまり、一村総墓制とは、「ムラ墓」または「集落共同体墓」、あるいはまた「地縁墓」とよびかえてもよいし、他方、同族総墓制は、父系ないしは母系などにもとづく「氏族墓」とよんでもよいであろう。

石川県や福井県の東本願寺系（大谷派）の寺では、しばしば「総墓」をもつ例が多い。いわば共同納骨塚、または堂をもっているのである。さらに、他の地域の氏族墓の事例としては、長野県下のあちこちでもみられる。同県下伊那郡あたりでは、本家分家の家集団をヤウチまたはイッケとよび、その氏族墓を「一統墓《いっとうばか》」とよんでいる。

本家分家集団の結合がつよいといわれてきた東北地方では、共通の墓域の最奥に宗家（本家）の石塔を建立し、そこから分家の石塔が墓域の入口付近まで並んで建てられている例などをみることがあるが、これも一種の氏族墓と考えてよいだろう。いずれにせよ、一族のなかで、家単位あるいは個人単位の墓地をもたないということである。日本本土地域では、いま述べたような氏族墓と同時に、家単位の家筋墓や個人墓、およびムラ墓などが入り乱れて設置されている。それぞれの墓または墓地の形態は、その地方文化や死者の祀り方にかんする考え方によって、歴史的にさまざまな形態を形成してきたのである。

ムラ墓の解体

ムラ墓

一九六〇年初頭に調査をおこなった、沖縄本島北部の久志《くし》村汀間《ていーま》集落では、ひとつの共通した「ムラ墓」をもっていた。しかし、近年の調査では、父系氏族集団としての「門中」の組織化と、その氏族墓としての「門中墓」がようやくつくられようとしていた。これは、第一次世界大戦後少しずつ門中の組織化と門中墓をつくる傾向があらわれてきた結果である。

しかし、北部の西海岸に面する国頭《くにがみ》村宇嘉《うか》集落では、門中墓は一つもなかった。宇嘉集落周辺の辺野喜《へのき》・佐手《さて》・与那《よな》などの諸集落もおなじ状態であった。

本島北部東海岸の安波《あは》集落でも、ムラ墓を唯一の葬地としてきた。現在でも父系氏族

（門中）の先祖祭祀をおこなうときには、自系・他系の死霊集合地であるムラ墓を拝むことが大事であるという。しかし、同じ集落の者とはいえ、死者すべてをムラ墓に葬るのは、父系先祖を無視することであり、また死霊も落ち着かず不安定であり、祟《たた》りのもとになるということで、大正期から門中墓がつくりはじめられたという。そして土地の人々の「先祖拝み」（父系先祖のみということではない）は各家で勝手におこなってきたが、これではいけないと思うようになった。ひとつには町の方で門中墓をつくって父系一族がいっしょに拝みをしていることの影響がある。安波では、父方や母方の「先祖」（シンルイ死者のこと）にたいし幅ひろく拝んでいたことへの反省でもあった。そこで門中集団をととのえ、門中の人々は集まって共同で拝まねばならないということになった。その結果、ムラ墓に安置されている遺骨をそれぞれの門中墓にひき移す作業がはじまった。骨を納めたかめ棺には、個人名などないものがほとんどであるから、ここで霊的職能者（ユタ）の活躍の場が提供されることになった。ユタが死者（霊）と霊的交流をおこない、その霊託をうけるのである。当然、骨の帰属をめぐっての混乱や争いが生じた。

第二次世界大戦後におけるムラ墓の解体と血縁関係の父系化、つまり門中集団の形成へのつよい求めによって、沖縄本島北部地帯の集落は、大きく変動してきたし、現在もその動態は続いている。そのような一つの例を、沖縄本島北部旧久志村の嘉陽《かよう》・汀間集落についてみてみよう。

父系氏族の生成

一九六〇年初めにおける調査によれば、嘉陽集落は、門中形成のためにさまざまな試行錯誤をくり返していた。たとえば、那覇市あるいは南部地方で活躍している、ユタとよばれる霊的職能者をよびよせて、死霊に帰属方式の正統性を正すハンジ（判断つまり霊託）が求められていた。つまり、ムラ墓に収納されている個々の遺骨甕の帰属を、霊託によって定めるという困難な作業にとりかかっていたのである。ムラ墓の解体を通して氏族墓が形成されようとしていた。

嘉陽集落には、一〇以上の門中が形成され、父系的安定化への道をあゆんでい

図10　奄美のユタ（佐々木宏幹氏撮影）

た。そういった過程のなかで、本島南部では社会的にみとめられないようなさまざまな帰属選択がおこなわれていた。同地域の大きな特質は、長男の絶対的な家継承と、娘または女性血縁者の家継承はいっさいみとめられないということであった。

嘉陽においてまず注目されたことは、氏族名の変更が容易におこなわれていたことである。ここでH門中を名乗る宗家（ムトゥヤー）は他の集落のT門中と系譜的につながっていると信じられ、かつその集落の「元」だという伝承をもち、女性司祭者ヌルを継承してきた。もともとはこの門中の名称はMZであったが、第二次世界大戦直後、Hに変えた。というのは、HはもともとMZのもとで働いていたが、本来MZ姓はH姓であるという霊的職能者の霊託（死霊のお告げ）によってH氏族名を名乗るようになったのである。おなじような例は他にもある。

ゆれる宗家

また、宗家の変更がしばしばおこなわれていることにも注目したい。その一部を示すと、MZ門中の宗家が現在では長男系といわれているが、三男系の家は根神（ニーガン）系、つまり集落共同体の最高女性司祭者の継承をになっている。これをみると三男系のほうが儀礼的優位にある。すでに忘却されているが、古い時代に両系統の間に養子のやりとりがおこなわれ、宗家の系統が混乱し、現在のようになったとい

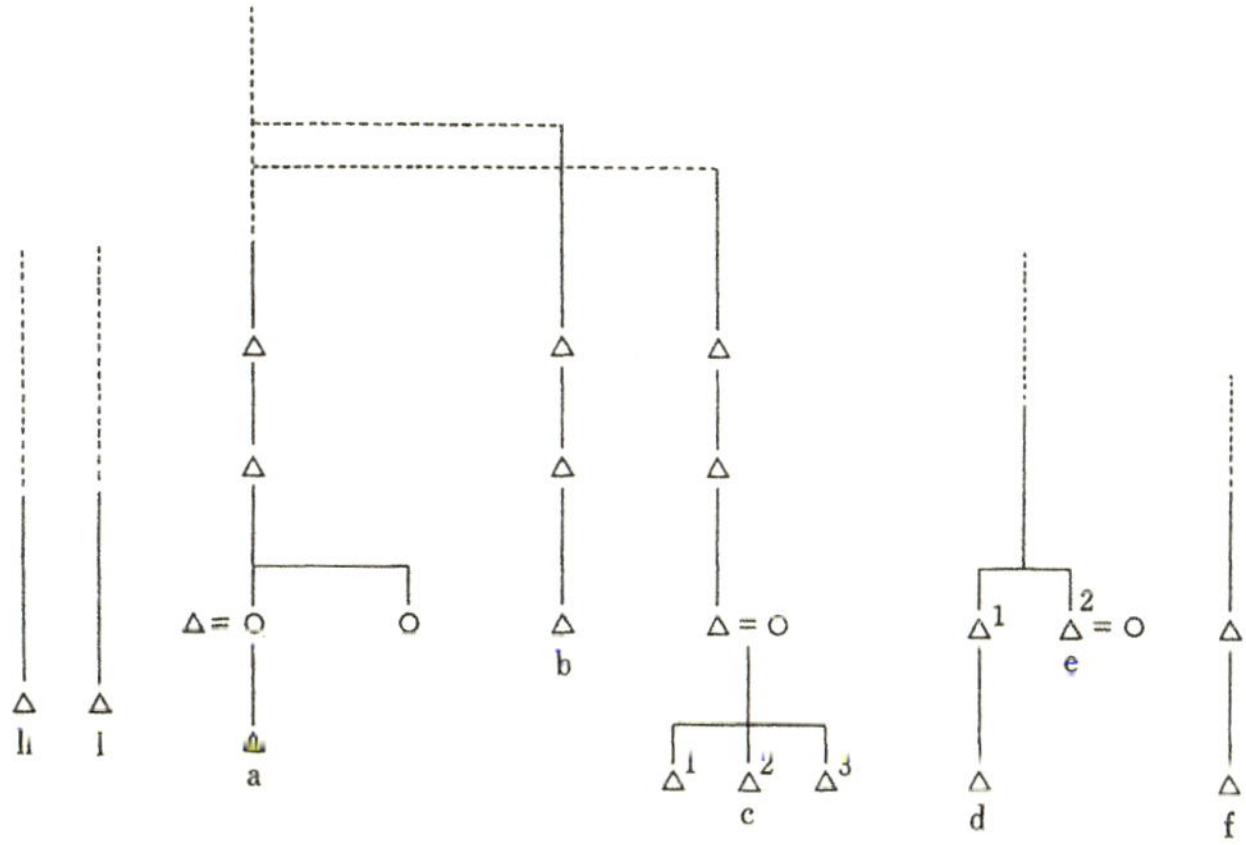

図11　汀間集落ＵＨ門中の系図

われている。つまり、ここでは父系にもとづく祖霊観は未熟で、いろいろな死霊的つながりが重視されていた、ということである。

また、ＯＮ門中は、瀬嵩《せだけ》集落から嘉陽に移り住んできたということで、瀬嵩に宗家がある。そこに嘉陽の三男系が養子にはいったために、そちらのほうが三男系であるにもかかわらず、宗家になった。また、ＮＭ門中の長男系に、二男系の長男が養子にはいったために、二男系のほうが宗家となってしまった例もある。これらの例も、一系的祖霊観を求めながら現実には、近親者の交流を中心に流動的に宗家をとりあえず定めてきた。子孫からみれば、近い死者(霊)関係によっているということである。

父系氏族生成の例

つぎに、嘉陽に隣接する汀間集落における門中のゆれ動きについてもみてみよう。

図11のUHの門中をみると、いくつかの帰属変更がみられる。この門中は汀間集落の大宗家であるが、fおよびgはもともと他の門中であったといわれている。同時期にUH門中に帰属替えをおこなった。それはfの先代が霊的職能者の霊託にしたがってこのようにしたのである。おなじように、iとhとはやはり霊的職能者の霊託による帰属変更である。dも他の門中であったが、現戸主が名護の霊的職能者の指示にしたがってUH門中にはいった。eもdとおなじく他の門中であったが、やはりユタの霊託にしたがったものである。

ゆれ動く父系氏族

以上、沖縄本島北部旧久志村における父系氏族化への帰属変更の振幅諸様相について説明した。このような帰属方式の揺れ動きや選択の方法などをみると、いくつかの傾向を読み取ることができる。以下それについてかんたんにまとめてみよう。

(1)　宗家の不確定性　調査によれば第二次世界大戦後、社会が少しずつ安定するにつれて、本島北部地方においても本島南部とおなじように、あるいはかつての琉球王国における士族社会のように、父系出自にもとづくゆるぎない門中組織の形成に、人々がつよい意欲をみせるようになった。旧久志村における調査開始の時期つまり一九六〇年初期においては、まさに父系化へのつよい動きと、それへの正統性を求めて、実に思い切った帰属変更がおこなわれていた。父系的門中化のためには、まず第一に宗家の確立が必要である。その結果、近い過去における男性養子のやりとりなどが影響して、たとえば長男を養子に出したことにもとづいて、二男系以下であった家が宗家として承認されるというような事例がみられるようになった。この種の宗家成立の混乱はかなりあちこちでみられた。

くり返していえば、古くから双（傍）系の死者にもとづく死霊祭祀の世界によっていた人々が、急激な父系化への動きにつれて、さまざまな混乱をひきおこした。それは、死霊アニミズムから祖霊観＝始祖一系化への変革であった。

(2)　帰属方式に対する霊的職能者の関与　すでに述べたように、相互の間に出自関係が明確でなかったり、あるいはまったく想像上の関係であったりしたような場合には、当事者たちのつよい希望で有力なユタ（霊的職能者）に死者（霊）との交流を求め、その判断にしたがってきた。そして、その霊託によってこの地域の人々は、ピキとよばれる父系出自（系統）の確定をおこなってきた。いわば「霊的出自」とよばれるような原理である。この状況は大なり小なり現在も続いている。

(3)　女系の介入　父系出自への帰属を求める過程で、一九六〇年代以前にはしばしば娘または女系親族の介入がみられた。こうした現象は、ある意味では選択系帰属（ambilineal affiliation）という性格を帯びるようになったといってもよいであろう。そうした性格をひきずりながら、現在も父系的帰属の確立がいっそう求められてきているのである。

(4)　ムラ墓から氏族墓へ　上に述べたように、さまざまな方法で父系出自にもとづく氏族形成が試みられた過程で、それまで集落共同体共有の単一ムラ墓が徐々に解体され、氏族墓やときには家筋墓の生成へという現象がみられた。そうした現象の典型の一つは、汀間集落で観察された。

帰属替えの際、ムラ墓に安置された第二次葬（洗骨）の甕棺に入れられた遺骨には、個人名・家名などはしるされていなかった。そのため、記憶にある遺骨甕は、もちろん容易にひきとることができたが、そうでないものは各家や門中関係者によって、霊的職能者に依頼して死霊をよび出し、その霊託の結果にもとづいてひきとられていった。ときにはいったんひきとった遺骨甕が、さまざまな理由で他の霊的職能者の霊託によってまちがっているとされ、その遺骨甕をムラ墓にかえし、あたらしく死霊によって指示された他の遺骨をひきとったという事例がしばしばみられた。そして、試行錯誤ののち、現在では多くの氏族墓が成立するようになった。しかし今なお、帰属のあいまいな遺骨甕がかなり墓地に安置されている。

沖縄本島南部の氏族墓

糸満の門中墓

沖縄本島では、現在、父系的な本家分家集団をモンチュウ（門中）とよぶようになってきているが、それぞれの地方には昔からのよび方がある。たとえば、本島南部地域では、この集団をハラまたはバラとよび、しばしば「腹」の字をあてている。他方、本島北部地域では、古い用語ではピキ、あたらしく変化したよび方ではヒキとよぶ。ハラは漢字の「原」（バル）を語源とするという説があって、つまり一定領域を示す言葉から転化してハラとなり、父系血縁集団を示す意味に使われるようになったという。他方ピキは、関係をあらわす語が血縁関係をあらわす言葉に変わったという説もある。いずれにせよ、沖縄本島における父系の原則にもとづいた家々や人々の集団を、一般的な「門中」の語によって説明することにする。

門中は本家を頂点とし、分家から分家へと分節的なひろがりを示し、家々の枝分れの過程で中宗家などの位置がさだまってきて、またその下に分節的な枝分れを形成していく。大きな集団になると一〇〇〇戸をこえることもけっしてめずらしいことではない。その一つとして有名な門中は、本島南部の糸満市にある「幸地腹」であり、その門中墓は広大な面積を有している。

長男絶対継承　門中を構成する家々は、長男の絶対継承である。かりに長男が死亡した場合、日本本土でおこなわれているような二男以下の繰り上げ継承は基本的にはみとめられていない。長男は、家屋敷・屋号・先祖から伝えてきた基本財の多くの部分を相続する。二男以下は、あたらしい屋号の承認のもとに分家ということになる。

トートーメー問題　そこで、長男が死亡した場合、男性養子を迎え入れなければ家の継承がなりたたなくなる。男性養子は、その家の戸主からみて、父系血縁のつながりのある男性にかぎられている。したがって、娘が婿を入れて家を継承したり、母方の血縁者から養子をとり入れたりすることは排除されている。これが現在沖縄では、「トートーメー」問題（祖先祭祀とかかわりあう家の継承ならびに財産相続問題）として、家族問題および女性問題がかっぱつな論議の対象となっている。「女性が継いでなぜ悪い」ということである。こうして、とくに沖縄本島では、死者祭祀はもっぱら男性中心におこなわれている。

女性の死霊祭祀あるいは弔《とむら》い方、つまり墓入りの方法は沖縄本島内でも地域によってさまざまな変異がみられるが、本島南部でのいろいろな事例を単純化し、一般的な原則として考えられている弔い方は、つぎのような方法によっている。

女死霊のゆくえと幼童の死

女霊の供養

嫁入り婚にしたがって男系家筋に移ってきた女性は、出生門中の成員権を失うようにみえるが、門中の祖霊祭祀（たとえば、墓の香盆や改修その他）を通じて（彼女の死にいたるまで）関係を保っている。

と同時に、離婚した女性の死霊祭祀のあり方をみると、一様に婚家先のバラの墓に入り、その家で、あるいはその家を通して供養・祈願されている。いま、その様相について述べるとおよそつぎのようになる。

A　子なき場合

A―1　離婚した女性が再婚しないで死亡↓かつての夫のバラの墓に。

A－2　離婚女性が再婚後死亡↓再婚の夫側の墓に。

A－3　離婚女性が再婚し、また離婚後死亡↓初婚の夫側の墓に。

B　子をもった場合

B－1　離婚後、再婚しないで死亡（子の性別に関係なく）↓夫側の墓に。

B－2a　初婚で男子をもうけ、再婚でも男子（長男）をもうけ、死亡↓再婚の夫側の墓に。

B－2b　初婚で男子をもうけ、再婚で二男出生（すでに長男出生）の場合↓初婚の夫側の墓に。

B－2c　初婚で男子、再婚で女子のみをもうけて、死亡↓初婚の夫側の墓に。

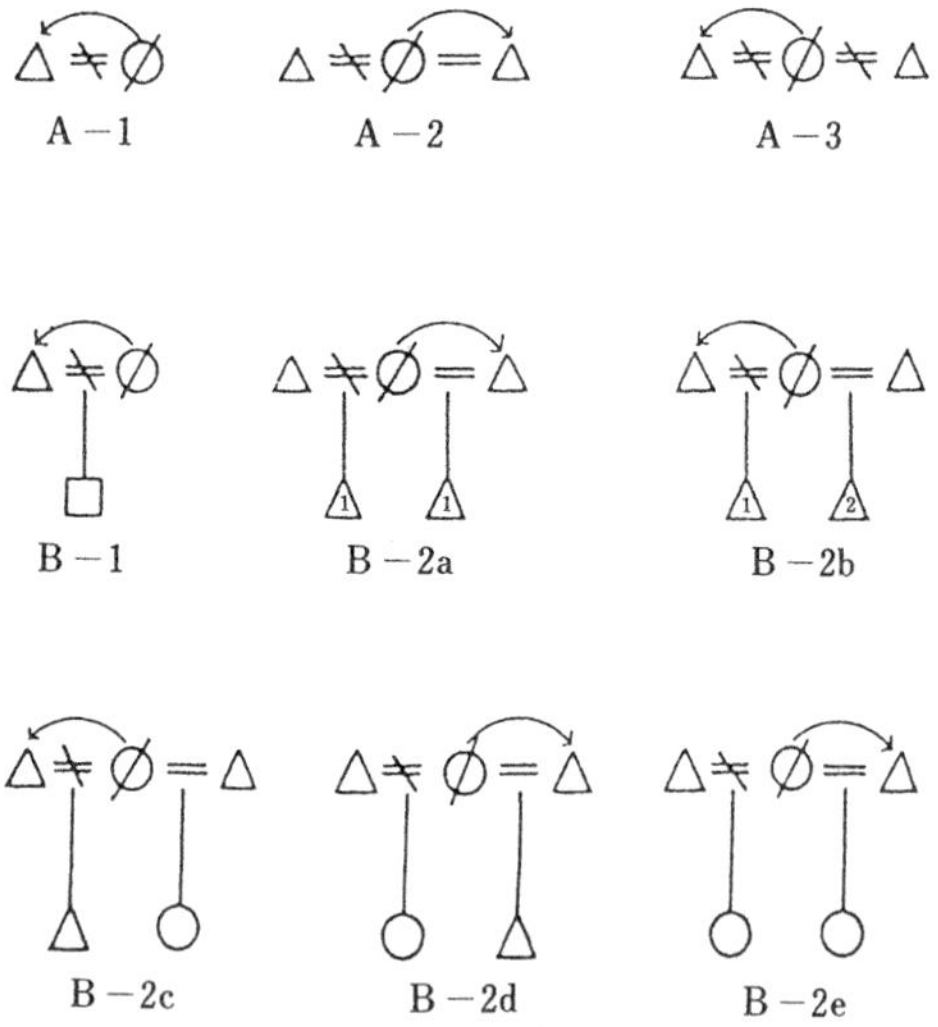

図12　女祖霊のゆくえ

Ｂ―２ｄ　初婚で女子のみ、再婚で男子をもうけて死亡→再婚の夫側の墓に。

Ｂ―２ｅ　初婚でも、再婚でも女子のみ出生→再婚の夫側の墓に。

以上の様相は、あくまでも原則的な女死霊のゆくえないしは供養のとり扱い方であって、この原則をはみ出て、さまざまな事情による変則は十分おこりうるものと考えられる。A条件の場合、沖縄本島においても、先島地方においても、子供を産むことのできなかった妻は、実家の墓に葬られる慣習があるが、一般には婚姻を契機にして明確に夫側の葬儀をうける。また、B条件（子をもうけた場合に）における再婚女性の死後の処遇は、男子とりわけ長男を産んだ女性であるか、どうかによって排他的に規制される。ここにも女死霊（供養）のゆくえが、婚家先の門中の父系男血筋の再生産に寄与したか、しなかったかによって規定されるということになる。

女性の再婚の際の連れ子が死亡したときは、その子（死者）の入墓先は、死者の実父（死者の母の前夫）のところである、といわれている。

婚外子

また、女性が婚外子（ヤマングヮ）を連れて結婚し、その子が死亡した場合、事情はやや複雑になる。その子（死者）が男子であれば、仮墓に葬り、実父が人々に明らかになるまでそのままおかれているが、実父がはっきりしたときは、実父側の墓にウンチケー（遺骨または死霊むかえ）する。また母が先に死亡し、後にその婚外子が死亡したような場合でも、時間の経過にしたがって、自ずからその子（死者）の実父、つまりかえりゆくべき家ないし墓が判明してくるものだ、と一般に人々は信じている。この判明には、しばしば、ユタ（霊的職能者）の霊能の働き、霊託によることが多い。このような事例は、ユタの活動の好材料となっている。婚外子が女子であれば、彼女の婚前死亡は、男子と同じような処遇をうけるが、婚後死亡であれば、前述の一般原則でとり扱ったような方法にしたがうことになる。

独身女性

また女性の霊を弔う場合、もし死者である女性が独身のときは、その家における西座、つまり仏棚がある部屋空間において、仏棚の左端に仕切りをつくって、女性死者の霊を祀る習慣がある。これを沖縄本島あたりでは「脇イハイ」とよんだりしている。ときには霊的職能者としてのユタの指示によって、女性死者の霊は脇イハイにとどまらず、屋敷における劣位の方位、つまり一般的には屋敷の左側、つまり西のはずれの豚小屋近くに祀ることがある。それも女性死者祭祀からみればなお不十分であるということで、ヤシキの外たとえばその家の所有耕地の片すみに祀られたりする。

このように沖縄本島中・南部では、独身女性死者の霊は徹底的に男系の原理から排除されて、劣位からさらに劣位の方位に祀られるという傾向がある。死者祭祀における女性霊の不当な扱いがみられるのである。

童墓

沖縄本島の中・南部でつぎに問題となる霊としては、子供の死者の霊である。男女とも子供の死者は七歳を基準にして、祭祀上における扱いが分かれる。七歳未満で死亡した子供は七歳以上の死者とは別に、「童墓《わらびばか》」に葬られる。七歳未満の子供の死者が、女性である場合はさほど特殊な問題は生じないが、もし男の子であれば、この地域におけるさまざまな男系の原則によって複雑な問題が生じてくる。

とくに男の子の死亡の場合、七歳を基準にして、七歳未満であるか七歳をこえているかによって、その死者は社会的に大きな問題をひきおこす。七歳をこえた男の子供死者の場合、原則的には、その男の子供の家継承との関係における出生順によって問題が生じてくる。つまり、男の子供死者が長男である場合には、すでに述べたように、家の継承が長男の絶対的継承であるがゆえに、二男以下の息子を繰り上げてその家を継承することはできない。そのために、父系血縁問から男性養子をとり入れなければならない。それにたいして、男の子供死者が二男以下の場合は、二男以下は分家を創設するという原則にしたがって、やはり父系血縁養子をとり入れて、二男以下の息子としての血縁分家を創設しなければならないことになる。

一つの事例を紹介してみよう。わたくしが野外調査のためにお世話になった本島南部のある家の四男が、東京の某大学の空手同好会のメンバーであった。同好会活動の資金づくりのために、東京近郊で白蟻駆除のアルバイトに全部員が動員されていた、白蟻駆除の仕事をおこなっているうちに、かれは電動ドリルの操作を誤ったのであろうか、感電死してしまった。その連絡をうけたわたくしは沖縄の両親に連絡するとともに、その地（本土）の寺での密葬に参加した。そして親は遺骨をもちかえって自分の地域社会のなかで本葬をおこなった。

二男以下の死

だが、死者の属する地域社会以外の場所で死亡した場合、死霊は不安定、さまよっているというとり方がなされている。そのために、まずさまよっている死霊を自分たちの地域社会に迎え入れるため、沖縄と他の地域との接点である那覇市の「波の上」の海岸で、霊的職能者ユタをよんで死霊（マブイ）を迎える儀礼をおこなう。そして死者の親は海岸の小石を七つもちかえり、もともと息子死者のかえるべきところである氏族墓（門中墓）に入れる。こうして、東京近郊で死んだ息子の霊を無事本来の門中墓に迎え、死霊は安定するのである。

そして一年をへたのち、わたくしはその家をたずねた。そのとき、死者の父親はわたくしへの挨拶もそこそこに言った。息子の「ヤシキ」をみてください。わたくしはおどろいたがすぐに理解した。父親は分家すべき予定であった息子のヤシキを設けたということをわたくしに伝えたかったのである。こうして死者本人の家は、将来男性養子を入れることによって、四男分家が設立されるわけである。

幼童霊

だが、ここで一つ問題が生じてくる。つまり七歳未満の子供を祀るいわゆる「子墓」とは、どのような性質の死者祭祀なのであろうか。すでに述べたように、七歳未満で死亡した子供は、小さな墓の墓列に葬られる。なぜ他の七歳以上の死者と別の墓および別の弔い方をするのであろうか。地元の人々に質問してもはっきりした説明は得られなかった。このような子供は当然、すでに誕生祝と戸籍上の命名をあたえられている。したがって、七歳未満の死者でも社会的存在であることはたしかだが、また同時に、なかば霊的（死霊のかかわりで）存在として考えられているのではなかろうか。完全に社会的存在として組み込まれる前に、死亡した場合には、死霊の異界に回帰してしまったと考えられるのであろうか。

沖縄本島南部のある集落では、コンクリート造りの子墓がまだ整っていない昭和前期以前は、集落の裏側に、あるいは人々が一般に立ち入らない方角の片すみに子墓を設け、埋葬していたと伝えられている。

なお、子墓の問題は、両墓制のもとでの子墓資料をふくめ、あらためて「両墓制を読む」の章でとりあげたい。

清明祭と墓香盆

さて、門中墓をめぐる死者祭祀のうち、旧三月の「清明祭《せいめいさい》」におこなわれる墓前祭は、氏族成員が寄り集まって死霊や祖霊を祀る行事として有名である。この死者祭祀は、華人文化の影響であることはよく知られている。

この時期になると、地元新聞紙上などは、清明祭の開催をしらせる数多くの広告でにぎわう。氏族墓を中心に、父系的な血縁関係の人々が集まり、祖先をうやまうことによって社会的統合を強化するのであろう。それと同時に子供たちも、自然にピクニック的な感覚のなかで、祖先崇拝の気風を形成していくように思われる。持ち寄った食事を交換し、酒をくみかわして、日常の世界とは別の雰囲気のなかで一日をすごす。

清明祭の目的は、もちろん墓前において祖先を崇拝することの確認であり、また氏族集団の再統合の結果をもたらすのであるが、この墓前祭とは別に氏族墓にかんする、もう一つ大事な死者祭祀がある。それは墓の「香盆」（クーボン）とよばれる一種の墓年忌である。

これは、墓にもある生気があるかのように扱い、三十三年忌ごとに香盆と称する墓再生儀礼をおこなうものである。まるで「墓アニミズム」とよびたいような墓生気論である。墓アニミズムの根底には、もちろん死霊や祖霊の安泰と供養を願う死霊アニミズムが横たわっていることにはまちがいない。

香盆の墓供養においては、人々は墓の修復のために、あるいは門中一族の系図完成化のために、それぞれかなりの額の寄付金を提供している。こうした人々にたいしては、門中宗家から、左のような文面の立派な感謝状や記念品などが贈られる。

感謝状

大城ヨシ殿

あなたはこのたびの上米次腹墓所並びに中森御嶽按司志墓三十三年紀香盆に際しては多額の御寄付を下さいました。

その御芳志に対し茲に記念品を贈呈して深甚なる謝意を表します。

昭和四十四年十月三十一日

（旧九月二十一日）

上米次腹
保才門中

墓参り供養と死霊

奄美地方の葬法

洗　骨

奄美大島では、現在なお埋葬形式としては土葬が優勢である。わたくしが調査した奄美大島の焼内湾《やけうち》をかかえこんだ宇検村《うけん》では、少なくとも昭和期までは、圧倒的に土葬による個人墓形式が主であった。しかし、現在では、徐々に火葬がとり入れられてきているようである。

宇検村における個人墓をみると、死者は風呂桶風の木製棺に座棺の形で納められ、墓地に埋葬される。そしてその棺にナバとよばれるサンゴ礁の石片を積み重ね、その上にモーヤとよばれる木製家形を置き、その四方はやはり木製の柵によって囲まれる。したがってこの地域では、一般的には個人墓のかたちをとっているといえよう。

また、琉球文化地域の弔い方の共通的性格の一つとして、「洗骨《せんこつ》」あるいは「改葬《かいそう》」とよばれる第二次葬をおこなわねばならないという習慣がいまも続いている。そして奄美大島では、洗骨のことをオガム（拝む）とよんでいる。洗骨は一時的には死後七年目あたりがもっとも多いが、場所によっては五年目あたりにしばしばおこなわれている。そういった年の旧八月、ドンガとよばれる行事のときに改葬がおこなわれる。その際、遺体を掘りおこすのはもっぱら男性の仕事であるが、遺骨の取扱いは死者の女性近親者、たとえば姉妹、オバその他、そして妻の仕事である。

改葬にあたっては、完全に白骨化していることが望まれ、そのことによって死霊は安定していると考えられる。しかし現実には、ときには毛髪や肉が付着していることがあって、それはきらわれるが、女性たちは水または焼酎によって遺骨をきれいに整えるのである。また洗骨にあたっては、死者に太陽をあててはいけないとされている。これにはさまざまな解釈があるであろうが、死者は海のかなたに、あるいは地下界に存在すると考えられていて、太陽の輝く天上界とか地上界は別の異界と考えられているからである。

洗骨され、きれいになった遺骨をみることによって、人々は霊がきれいになったと考え、死霊の状況が安定され、鎮められたと考える。遺骨は別に用意された陶器の壺に納められ、一番上に頭骨がおかれる。とくに頭骨については注意ぶかく洗骨され、とくべつなものと考えられる傾向がある。おそらく東南アジア稲作農耕民にみられるように、「首」または「頭骨」にはとくべつな霊力があると考えられていることと関係があるのであろう。つまり、首または頭骨には人々の健康・繁栄、あるいは作物の豊穣などをもたらす霊力があると考えられているのである。東南アジア稲作農耕民における首狩りとの関連で、洗骨習俗における頭骨の意味を考えなくてはならないであろう。

屋鈍の洗骨　こうして、奄美大島における死者の第一次葬と第二次葬の祭祀が終わり、はじめて死霊は生者を加護し、助ける霊的存在として認められるようになる。

さらにここで、宇検村屋鈍《やどん》集落における死霊祭祀の具体的事例をあげておこう。

図13　洗骨後の甕棺（奄美大島屋鈍集落，1960年代）

死者を埋葬してから六〜八年目に改葬する。つまり洗骨習俗である。祝いのある年、うるう年、人が死んだ年、サルの年にはしない。したがって、一〇年目くらいになる人もある。その場合、一〇年もすると棺がくさって遺骨が砂の中にあることもある。そして、ドンガ（祖先祭りの日）の前日、あるいはアラスジ（八月踊りの日）の前日に改葬する。昔の人は、この時にカシキ（おこわをつくる）と祓いになるといった。ドンガやアラスジにはおこわをつくるので、前日に改葬をしても、それにより祓いをすることになるわけである。昔は米がなかったので、一年に一回、アラスジにしかおこわを炊かなかった。したがって、明日はアラスジという日に改葬するのが一番良いといわれた。だが、最近では、出稼ぎの人や内地に出る人など、普段の日に改葬をすませる人もある。

昔は太陽にあたらないように、夕方改葬したというが、今は早く始末ができるように昼すぎから始める。その際には、太陽があたらないように傘をさしておこなうが、遺体の足はともかく、頭は絶対に太陽にあててはいけない。手足は海水をくんできて洗うが、頭はボロできれいにふき、紙をかぶせ、真綿で包む。頭は日にあたらないように着物をかけて、ずっと抱いている。

洗骨と血縁

頭を抱くのは血縁関係の近い女の人である。親なら娘、娘がいなければ姉妹、孫（女の子）、または姉妹の娘などである。先に述べたように、洗骨は手の足りない時は別として一般には男性はおこなわない。洗骨し終わると、沖縄本島から買ってきた甕に足から順に入れ、頭骨が一番上になるようにする。夫婦なら二人用の甕に入れることもある。また、琉球の石ビツ（竜の屋形）もよく使われたが、これは横に穴があいているので、石塔よりむれずによいという。改葬した骨は一家一家（センソ・センソ）で一ヵ所に何十と入っている。それから、骨を入れた甕を石塔の下に入れて拝んでから浜へいって、シュウハライ（海水で手足を洗い、沖へ海水を三回はねる）をして家に帰る。改葬には、死者のチービキ（ある個人からみて血縁関係があると認知されている血族関係）もエンビキ（婚姻を介して形成される親族関係、いわゆる姻族）も墓へ集まり、洗骨する人以外は立って見ている。改装後、家へ帰って、これでもう親のめんどうも終わりだといって、サンゴン（三献、会食形式のごちそう。吸物は必ずつける）の祝いをする。

改葬がすんだら、魂は天界にのぼるというが、とくにカミになるというわけではないという。改葬後は、毎月一日と十五日の墓参りと、盆・ドンガの墓参り以外は何も祭祀をおこなわない。そして、イハイ（位牌）はずっと先祖棚にとっておく。

最近では、家族全部が村を引きあげるようなときには、改葬したあとの骨を浜で焼き灰にして、それをいくらか持って出て行くこともある。その時には、ミナトといって川が海に流れこんでいる辺りで焼くという。しかし、骨を焼くことに反対する人も多い。

個人墓参り

これまでみてきたような死者にたいする弔い方がおこなわれている一方で、個人墓にもとづく死者祭祀については、日常的にはどのような墓参りをしているのであろうか。この問題は、具体的な習俗をみるだけではなく、奄美大島をふくめた奄美群島の家族や親族の組織にふかくかかわっていることに注目しなければならない。

奄美の親族

奄美の家族や親族組織の特質は、すでに述べた沖縄本島中・南部における強烈な父系原理からみればきわめて異質である。家族の組織のあり方からみても、つよい男系継承意識はかなりうすいとみてよい。いまは家族と親族組織をくわしく説明する場でないので省略するが、嫁はときには耕地をふくむ財産をもってくることが多く、それを子供たちに相続させる傾向がある。そして、家継承や相続の面でも子供たちには、相対的な意味において均等に配分される傾向がある。そのような家族の組織の性格からみて、子供からいえば父および父方の親族にも、また母および母方の親族にもほぼ等しく権利と義務あるいは互助協同の結びつきが展開されている。つまり、社会（文化）人類学でいうところのバイラテラル、つまり「双傍系的」親族関係が基本となっている。さきに述べたような沖縄本島の父系原理とは異なり、父方傍系と母方傍系とがほぼ等しくその関係が維持され機能しているのである。

個人墓墓地

さきにとりあげた屋鈍集落を調査した村武慶の報告にもとづいて、墓と死者参りの習俗を説明してみよう（「奄美大島屋鈍における死者祭祀」『社会人類学の諸問題』第一書房、一九八六年）。

まず、この集落における墓地であるが、その位置は村の西北のはずれ、海のみえるところにある。ノロ（女性司祭者）の墓は村の中央にあったが、いまは墓地のなかにある。ノロ墓は石塔をたててはならないことになっているので、ナバ（サンゴ礁）石の積み重ねである。カミンチュ（神役の人）の墓も石塔をたててはいけないとされたが、現在はまもられていない。昔は一般の人も石塔ではなく、沖縄でつくられた竜の屋型が多かった。これ

図14　個人墓墓地（奄美大島屋鈍集落，1960年代）

は現在もいくつか残っているが、横に穴があいており、むれなかったという。また、誰がどこの墓所ときまっているわけではなく、空いている好きなところに埋めてよい。ナバを積んでおき、改葬したら骨は「先祖モト」（子供たちからみての親モト、つまり父の家ということになり、先祖モトから出ていった子の子、つまり外孫からみれば、父の父の先祖モトということになる）の墓に入れる。石塔をたてる余裕のない家もナバのままであるが、改葬後は、ナバをきちんと積みあげる。分家した場合、自分の家があたらしい先祖モトとして墓をつくることが多い。先祖モトの墓のまわりに分家の墓があつまるということはなく、親族でも墓はあちこちに散らばっている。墓地を移転したときは、古仁屋から「ウンキ見」（占い師）をよんだ。調査時点（一九六〇〜六三年）では、ナバ・石塔などあわせて一三〇ほどの墓があった。ノロ墓は村人全員が参ることになっているが、後述の墓参事例でもみられるように、一軒で五〜一〇ヵ所くらいの墓（父の先祖モト、母の先祖モト、父の分家した兄弟等々）と関係があり、それらの墓参りをおこなっている。

盆行事

八月十三日から十五日までおこなわれる。十三日の朝、夕方むかえにくるからと墓に水をさしにいく。墓掃除は十五日の夕方におこなう。十三日には、家の内外、とくにオモテ（座敷）を掃除し、食器や鍋類も洗う。そして、先祖棚からイハイ（位牌）をおろして、オモテ座のござの上あるいは小さな机の上におく。果物・野菜・米・豆・菓子などを供える。イハイには本名が書いてある。

夕方になると墓へ先祖の霊をむかえにいく。むかえには誰がいってもよい。一応きちんとした格好で主人・主婦・子供などおもいおもいの人がいく。このときは、通常一日と十五日にお参りしている自分の家の先祖の墓および改葬前の墓へいって〈トモショロウ〉（おともしにきました）といって拝む。朝さした水をモジ（ほうき木。アカザ科の植物）の葉で三回、チョン、チョン、チョンとはねてから拝む。帰り道は話をしても、後ろをむいてもいけない。往復おなじ道を通って、だまってワグチ（上の入口）から家にあがり、下におろしたイハイの前に線香をたてるとビョップ（屏風）をたてまわす。

以前には三度三度、ごはんと汁を供えたというが、いまでは生物《なまもの》（果物・野菜等）ばかりである。ただし、お米だけは三度三度とりかえる。いまでもおぜんを供えている家もあるが、おぜんに供えるはしは、ボン（盆）花（ほうき草の花らしい）の花をちぎったもので、一本はたてて、一本はたおす。これをショウリョウバシ（精霊箸）といっている。

十五日には、夕方四時ごろから一家の主人が親類の先祖を拝み歩く。だいたい一人一〇軒くらい歩くという。チービキとは限らず、父方・母方ともにいく。それが終わると家中で三献をしてからみんなで先祖の霊を墓へ送りにいく。墓の数だけのちょうちん・線香・しょうちゅうの入ったカラカラ（銚子）、花、モジのななめ切り（必ず鉛筆のようにけずる）と米をまぜたものを持ち、はだしでいく。いく前に屏風を閉じてイハイを先祖棚にあげる。墓地では墓ごとにちょうちんをたて（改葬前の墓にも）、モジと米のまじりを墓の脇へおとし、花と線香をあげ、しょうちゅうをたらす。墓につくと、オトモしてきたときとおなじく、モジの葉で水を三回はねてから拝む。そして、自分の家がすむと、チービキ・エンビキともに知るかぎりの墓の前にしょうちゅうをたらし、線香をあげる。

墓参りが終わると浜に下りて手足を洗い、沖に向って海水を三回はね、シュウ払いをする。家にもどると果物や菓子、ごちそうを食べ、しょうちゅうを飲む。やがてシャー（村中央の広場）で八月踊りがはじまる。

また、盆には必ずモスコ（団菓子）を打ち、トブウムチ（米の粉を練り、蒸したもち）とムチ（普通のもち）をつくる。また十五日に先祖を拝みにきた人には、必ずしょうちゅうをさし、イラブチ（魚）やタコをすすめる。机にいっぱいのごちそうをならべておき、それをすすめる。

〔ドンガ〕　祖先祭りの日、旧八月のヒノエの日におこなわれる豊年祭り・アラスジから二週間ほど後のキノエネの日におこなわれる。まず、墓参りに家族そろって朝はやくいき、チービキやエンビキの墓を全部参る。墓から帰ると塩や酒で清める。そして、ドンガカシキといっておこわを作り、死者に供える。明日はドンガという日に改葬をする人もあるが、アラスジの前日にするのが本当だといわれている。

つぎに、調査時点（一九六二年）における、墓参祭祀事例を二、三示しておこう。

〔事例1〕　K・Y家

K・Y　五九歳男性。かれは五男であるが、オヤモト（先祖モト）をついでいる。

長男はおなじ屋鈍内に分立している。二男も屋鈍内に分立していたが、死亡して現在(一九六二年)は妻子だけである。三男は大工で、戦前は台湾へいっていて結婚し、現在は古仁屋にいる。四男は福岡、六男は鳥栖に、七男は名瀬にいる。姉妹の一人は死んで、一人は指宿《いぶすき》へ嫁入りしている。

〈毎月一日・十五日に墓参する墓〉

母の実家の墓。内地にひきあげるにあたり墓も移転したが、一応お参りしている。

妻の母・兄

妻の父の父

父・兄(二男)・二男の子

父の父

父の父の兄弟

不明。父の父関係とみられる。

〈盆・ドンガに前述の他に参る墓〉

母の母の異父兄

父の父の弟

その他三基（不明）

〔事例2〕　I・M家

I・M　二二歳女性。母、妹と居住。父は三年前に死亡。墓はまだ改葬前でナバ積みである。父は二男でオヤモトをついでいた。父の兄（長男）は屋鈍内に分立していたがすでに死亡。父の弟（三男）は名瀬にいる。父の両親はI・Mたちと同居していたが（オヤモトであるから）、父の母が最近死亡するにあたり、父の弟が父の父を名瀬へつれていった。墓はそのままだが、イハイは父の分を除き、全部もっていった。一年忌には帰ってくると考えられている。

〈一日と十五日〉

父の父の父母、父の弟の子、父の父の弟（M家の先祖墓）

父の父の弟

父（改葬前）

引きあげた人の墓を頼まれている。父の父の弟（兄？）。分家していた。

母の父の先祖墓

母の母、母の妹

母の母は夫（長男）が分家する前に婚家で死亡。夫はのちに再婚した。本来は婚家側の墓に入るべきであるが、息子（I・Mの母の弟）に墓をみてもらいたいといって死亡したので、幼くして死んだ娘（I・Mの母の妹）と二人だけ別の墓をつくった。ナバ石が積んである。母の弟は現在沖縄におり、近いうちに墓石をもってくるといっているが、ある宗教団体に入っているため、墓石をたてるときは、骨を燃やすというので、母や母の父、母の父の先祖モトたちが大反対をしているという。

〈盆・ドンガ〉

母の父の母の先祖モト

母の父の母の関係

〔事例3〕　K・M家

K・M　五五歳女性。夫の父は三男で分家。夫は長男でオヤモトをついだ。夫の弟は屋鈍内で養子にいっている。

〈一日と十五日〉

夫の母の関係

夫の父（M家の先祖モトとなる）

夫の母の父（夫の母の先祖墓）
夫の父の父、その他三つの墓、以上四つの墓は、内地にひきあげた人から頼まれて参っている。
〈盆・ドンガ〉
母の父の墓
神の墓　ノロ神の墓は村人が全員参ることになっており、ふつう、あまり意識されることなく墓参りがなされている。

死者祭祀の分類

奄美をふくむ南島文化には、死者祭祀をめぐって三つの分類がおこなわれる。つまり、奄美の死者祭祀のおこなわれる時期は、(a)日常的祭祀、(b)年中行事、(c)通過儀礼であるという。ここでは、主として日常祭祀（毎月一日と十五日の墓参り）、および年中行事としての盆とドンガ祭祀をとりあげた。

その結果、さまざまな問題のあることが明らかになったのであるが、とくにつぎの二つの点を村武慶はとりあげている。①従来の研究者がとりあげたイハイ祭祀や、墓参祭祀などにみられる死者霊への供養が、はたして従来、慣行的に使われた用語「祖先祭祀」というような信仰なのであろうか。②墓参祭祀における供養範囲の内容がどのようなものであるのだろうか。この二点は問題の性質上、相互に関連しているという。以下その説明を紹介してみよう。

祖霊か死霊か

まず最初の問題であるが、調査地・屋鈍をはじめ奄美の多くの地方では、毎月一日と十五日の朝、家の者が線香・花・水をたずさえて墓地にいき、その家の墓およびヒキとよばれる血縁関係者あるいは、エンビキとよばれる姻戚関係者の墓に参る。この日常的な性格をもった墓参祭祀は、死者の霊の性格を示唆しているように思われる。というのは、日常的に、リズミカルに一定間隔で死者供養をおこなうという習俗自体が、祭祀供養の対象となっている死者の霊をなぐさめ、安定させるという目的をもっていると考えられるからである。それは、供養の対象となっている死者にたいする敬いを表現すると同時に、それら霊を、あえて安定化させねばならない理由があると思われるからである。その理由とは、供養者が死霊にたいする敬慕をもつとともに、その反面、祭祀供養の対象となる霊を荒ぶる性格をあわせもつものとして畏怖しているからと思われる。つまり、死霊を安定させて、死者と生者との間の関係をもち続けないと、死者霊の怒りをかい、この世における血縁関係者たちにたいし、なんらかの不幸や悪しき出来事をひきおこす恐れがあると思うからである。たとえば、この地をはなれて他地域に移住していく家々の者が、自家の親族関係者に、以後の墓参祭祀をつよく依頼する慣行もまた、その反映である。

死霊的存在

死者の霊が、荒ぶる死霊的存在としての性格をもつということとともに、供養者による祭祀供養の対象をみると、始祖（複数の場合もあり）から、なんらかの一系性（父系・母系あるいは択系）をもってつながる、「祖先祭祀」とは異なる。それは、ある家の血縁関係、つまり父方親族にも、母方親族にも死者祭祀の範囲が流動的にさまざまな偏差をもって及んでいるということであり、年中行事としての盆とドンガと、日常の墓参りにおける死者祭祀の対象となっている霊は「祖先霊的存在」とは異なる「死霊的存在」という性格であると思われる。

イギリスの社会人類学者、M・フォーテスは、祖先が生者に禍いをもたらす霊力をもつのは、祖先というよりも死者そのものであるからと考えた。この見解にもみられるように、祖先霊と死霊とを、フォーテスは明確に区分している。そして、「祖先 ancestor とは名前をもった、死んだ祖 forbear であって、一定の系譜関係で結ばれた生存中の子孫をもつもの」と定義した。

このように、アフリカや東アジアの事例から、祖先霊と死霊とを明確に区分したフォーテスは、それと同時に、アフリカの祖先祭祀は、生者の加護を祈願することに主なる目的があり、中国や日本の場合には、死者の霊を慰撫することに主たる願いがあると指摘した。この指摘は重要で、とくに南島文化における祖先霊と死霊との供養祭祀に関する不分明な性格の存在と、両者に共通する祭祀的基盤を示唆しているように思われる。

双系墓の出現

石塔墓の隆盛

奄美大島屋鈍《やどん》集落の墓制は、個人墓が優勢であった。墓参りの方法は、すでに述べたように毎月二回の定期的な供養以外に、年に何回か熱心に墓地をおとずれる。これが屋鈍集落だけでなく、この地方における典型的な墓参りの形である。すなわち、わが家の死者、父方傍系親族の死者、母方傍系親族の死者などの個人墓を参るので、親族組織の面からみれば、双系的な親族範囲内の死者に参っていたわけである。

ところが、最初の野外調査から三〇年余をへた一九九〇年代初めにふたたび屋鈍集落を訪れたときには、墓地の景観が一変していた。つまり石塔墓が圧倒的にふえていたのであ

図15　屋鈍集落の双系墓（1990年代）

る。そして、墓地内に足をふみ入れて二度目の驚きを経験した。というのは、若干の「家筋墓」つまり「〇〇家先祖代々の墓」式の石塔墓があるものの、多くははじめてみる別の形態の石塔墓であった。

双系墓の出現

まず、新しい石塔墓の形態から説明してみよう。遺骨を納める墓の基壇がかなり大きく、二〜三メートルにわたる横長形式で、高さ一メートル前後である。その基壇の上に、二本ないしは四本以内の石塔がたちならんでいる。しかもそれぞれの石塔にきざまれた家名がすべて異なっていることにおどろく。つまり、共通納骨基壇の上に、たとえばA家・B家・C家という具合になっている。この石塔墓形態は、本家分家集団にもとづく「氏族墓」ではない。「家連合墓」

であることにはまちがいないが、その家連合の内容は、一系的な結合ではない。親族組織の面からみれば、さきにふれた個人墓への双系的墓参り、つまり個人にもとづく親類関係による墓参りが、双系的な家連合墓づくりを生み出したものである。これをあたらしい墓制形態として、「墓の社会的性格」の節で述べたように、「双系墓」とよんでおきたい。

なぜこのような石塔墓形態が出現したのであろうか。さまざまな理由があるであろうが、もっともつよい要因は、過疎化の動態である。焼内湾に沿う各集落は、水田稲作面積もせまく、漁業経営も家族的経営ないしは小さな経営体にもとづいていたので、まず若い人たちが島外の町や都市に職を求めることから過疎がはじまり、それにつづいて一家が島外へあたらしい職場を求めて転出するようになった。そのためこの地に「ふるさと」をもつ人々は、自分たちの出自原郷の地としての証《あかし》をしるすために、墓を石塔墓ないしは家筋墓につくろうとした。しかし、すでに述べたように、個人的・双系的親族関係にもとづく墓参り方式が、完全な家筋にもとづく石塔墓の成立を不可能にした。

こうした親族関係と墓参り形式との妥協の産物が双系墓を生み出したのである。死者の霊的存在にたいする重層的供養者によるという性格が、家筋の芽生え感覚と結びついて、この地方独自の死者供養墓になったといえよう。

マブリ霊

生・死霊マブイ

那覇市の首里では、マブイは生きている人々の霊であって、死霊は夕マシィだという人がいる。このような霊にたいする用法は、奄美や他の沖縄地域における用法とはかなり異なるように思われる。また、生者のマブイが抜けおちたときには、マブイグミ（マブイこめ）をおこなう。国立国語研究所編『沖縄語辞典』（一九五三年）によれば、マブイグミについてつぎのような説明をあたえている。

ごちそうと本人の着物を、魂が落ちた現場へ持って行き、その着物の中に魂を招き入れて持って帰り、主人にごちそうを食べさせると同時に、その着物を着せる。ごちそうの膳には小石三個を置き、茶碗に一杯水を用意して、ごちそうを食べる前に、魂についてくるようよび、茶碗の水（ウビ）をひたいに指で三度つけるという。沖縄本島与那城《よなぐすく》村の宮城《みやぐすく》集落では、葬式をおこなったその晩に、葬式関係者は集落内のある井戸にいき、線香などを供え、手足を洗い、供えた米をかむ。その後近くの浜へ降り、手足を海水で洗い、人々はイチマブイヤー、アガリニ、シニマブイヤー、イリイニ、つまり生きマブリは東に、死にマブリは西にと唱えて死霊を西の方位におくる（琉球大学民俗研究クラブ編『沖縄民俗』一七号、一九六九年）。また、伊計島《いけいじま》では死者の棺を墓に入れるとき、二人の男がなかへ引きいれるが、それが終わって最後に墓をでる男が「生きナブイと死にナブイと別わかりりよー」といって、そのあたりで三回いって墓からでてくる（琉球大学民俗研究クラブ編『民俗』五号、一九六二年）。

このように、二、三の事例からみると、人間のもつ霊的存在の呼称は、マブイ・ナブイ・タマシィ（魂）などがあることがわかる。マブイ系の語と理解のしかたは、琉球地域に根深く存在しているように思われるが、タマシィ系は一部の研究者が指摘しているように、日本本土のタマ概念からきたものかもしれない。マブイには、生霊としてのマブイと死霊としてのマブイの分類があり、とくに後者は災いのもととなり、注意深く生者の世界から排除しようとしている。そのためには、これをていねいに供養し、生者にその祟りがおよばないように気をつける。また生きマブリは東、日の出、生の方位世界に、死にマブリは西、日没、死の世界にと住み分けようとしている。

奄美のマブリ

奄美地方でも、人々の霊的存在をマブリとよんでいる。山下欣一の調査によれば、奄美地方のマブリには、「生きマブリ」と「死にマブリ」とがあるという。生きマブリとは、生きている人間から抜けおちたマブリであり、一般の人にはそれをみることはできないが、霊的職能者ユタとか呪術使いコーマブリシャはそれをみることができるという。もっとも、コーマブリシャはただマブリをみることができる人という意味で、ユタのようにさまざまな儀礼を通してマブリと交流するということではない。とくに子供は、背中からマブリをおとすことがあって、それを防ぐために着物の背中部分に綻《ほころ》びがないように気をつける。また地方によっては、マブリは一つでなく、複数のマブリをもっているという。ただ一つのマブリしかもっていない人は、それをおとすと気を失ったり、いろいろな災いがかかってくるので、とても危険であると考えられている。

また、「死にマブリ」はグショウとよばれる異界へいくという。死にマブリにも悪人マブリと善人マブリとがあると考えられ、善人マブリは川をわたってグショウにいくことができるが、悪人マブリは黒くなってさまよっていると考えられているようだ。

さきに述べたように、マブリは身体からはなれてただよう性質をもったものと信じられている。死にマブリは他の人をさそって、その人の生きマブリを抜けださせて、死にいたらしめるということがあるので、霊的職能者の重要な儀礼の一つは、その人のマブリを固着させることである。人々が死ぬのは、生きマブリがはなれ、死にマブリになることである。重病人が死ぬ間際には、その病人の関係者が屋根の上にのぼり、マブリをよびもどす習慣がある。また、自分の家でなく外で死亡した場合、死にマブリを家まで連れかえる必要があるので、そのマブリを招きよせるさまざまな儀式がある。

さまようマブリ

右に述べたことにかんして、わたくしが経験した例としては、さきに述べた沖縄本島における一農家の四男の死亡例がある。大学生の四男は横浜でアルバイトの最中に事故死したのであるが、そのマブリが横浜にあるので、横浜で密葬をおこない、本葬を実家でおこなったのである。そのマブリを家に迎え入れるために、霊的職能者ユタに依頼して、那覇市の海岸「波の上」でマブリを招きよせ、そのシンボルとして海岸の石七つをとり、自分たちの一族墓（門中墓）に入れた。こうしてただよっていたマブリを連れかえったのである。

両墓制を読む

埋め墓と詣り墓

両墓制とは

ある地域社会において、死者を埋葬する墓地と、遺体にかんするいっさいのものを納めないで、ただ死者祈願のみのために参る墓地とを共有している墓制を、一般的に民俗学では「両墓制」とよんでいる。両墓制にかんする調査報告や研究文献はかなり彪大な量にのぼっていて、論議がややひろがりすぎて、問題の所在があいまいになっている傾向がみられる。

柳田国男は、有名な論文「葬制の沿革について」のなかで、両墓制にかんするつぎのような示唆的な指摘をしている。

墓地には斯《かく》の如《ごと》く、もと二つの種類があつて、仮に区別の名を設けるとすれば一方を葬地、他の一方を祭地とでも謂《い》はなければならなかつたことは、現在各地方の仕来りの中からでも、可なり明瞭に之を実証することが出来るやうに思ふ。

（中略）

差当《さしあた》りの必要は単に墓場が村々の何《いず》れの部分に在り、俗に何と呼ばれ、又如何《いか》に使せられるかを見たゞけでも満足させられる。

これをうけて、民俗学者大間知篤三は、柳田のいう「葬地」と「祭地」とを別にする墓地形式、つまり「墓地以外に石碑を建てて祭地とする慣習、いわば墓地を第一次墓地と第二次墓地とに区別する慣習」として、両墓制をとらえた。

そして、原田敏明によれば、両墓制をつぎのように説明している（「両墓制の問題」『社会と伝承』三—三、一九五九年）。

原田の両墓制論

ここに詣墓という場合は、別に埋墓があって、しかもそれに拘らず、埋葬してないところで礼拝の対象となっている墓をいうのである。すなわち一方は死者を埋めてある墓であるのに対して、他方はそれを埋めてないから、厳密には墓とはいえないけれども、あたかも埋墓のように一地域を画して、死者またはその霊に対して礼拝するための標識を設けたところとでもいったらよかろう。

この埋めるところと詣るところとの両者が同時にあるのであって、そこでこれを両墓制ということになる。二つの墓はそれぞれ性格を異にし、役目が違うのである。この意味からも同じ部落に二ヵ所の墓地があるだけでは両墓制とはいえない。またたとえ同じ家で二ヵ所の墓地のどちらにも埋葬しているというのでも、まだ両墓制というのとはことなる。また古い墓に対し、何かの理由で新墓が出来、先祖の祭を両方でするようなことがあっても、これも所謂両墓制ではない。

これら先学の諸説をとおしてほぼ共通していえることは、一つの地域社会の、あるいは共同体の成員が、成員死者のための遺体埋葬墓地つまり「埋め墓」と、他方「詣り墓」とを共同に使用し、保持している葬制形態ということになる。これはあくまでも原則的に述べたことであって、現実の具体的な対応は、上のような基本形態を保ちながら、少しずつの偏移をもつことがありうるのはいうまでもない。たとえば、詣り墓の石塔墓に遺体埋葬地の土を少し入れたり、死者の頭髪のみを納めたり、またとくに最近では埋め墓の土まんじゅうの上に家印などをきざんだ小さな石をおいてみたりすることなどがそうである。

両墓制のひろがり

両墓制がおこなわれる地域はすでにしられているように、近畿地方が主要分布地であるが、その他中部地方や関東地方、あるいは山陰地方などに点在している。しかし、東北地方ではほとんど両墓制をみることはない。この分布がもたらす意味は、じつに興味ぶかい。というのは、両墓制の深層には死霊にたいする畏怖とケガレの観念があると思われるので、このようないわゆる死霊アニミズムが、日本の歴史における中心的文化地域のなかに根づよく保たれていることに、大きな関心があるからである。この問題は、最後にふたたび考えてみる。

ひとつの事例

近畿地方の事例は、のちにやや立ち入って述べるとして、まず長野県の報告をかんたんに説明してみよう。福沢昭司の報告によれば、安曇《あずみ》郡奈川村古宿の集落空間オク（山間部または峠方面）にたいするシモとよばれる集落の入口外にボチ（墓地か）とよぶ死者を埋める墓域がある。ほとんどが土葬である。他方、詣り墓にあたるザントウバ、あるいはセキトウバがある。詣り墓は大きく二ヵ所に分かれているが、大部分は集落に接した阿弥陀堂の近くにある。葬式のときには、阿弥陀堂で棺桶を左まわりにまわし、庭に安置する。ここで僧侶の読経があり、「棺桶には死者の顔の向く方角に印がしてあって、仏様はここまではムラの方を向いてムラを見ながら担がれてくるが、ここからはボチの方を向いていく」といわれている。

こうして、死者は生者の住居集落空間に別れをつげ、埋め墓に埋葬され、その上に自然石がおかれる。ここでは特定死者の埋葬場所がながく記憶されて、初七日・四九日・盆などに定期的に拝まれることになる。なお、石塔は一周忌あるいはそれ以後に建立されることが多い。

奈良県の両墓制

大和高原へのひろがり

つぎに、中田太造の奈良県下における幅ひろい墓制の調査資料「奈良県下の墓制の総合的研究」（一九六六年）、およびそれに刺激されて調査した最上孝敬の予備的調査によりながら、とくに、大和盆地における両墓制の一般的傾向をみてみよう。この地域では、埋め墓は、ボチ・ハカ・ミハカ・ミバカ・マイソバカなどとよばれ、かなりひろい土葬墓域をもっている。他方、詣り墓は、セキトバカ・セキトバラ・タッチャバ・タッチョバカ・ジゾウバカなどとよばれ、埋め墓が集落の裏、外などの場所に設けられているのにたいし、詣り墓は、集落内の寺境内や地域集団垣内《かいと》ごとにまとめられている。このような両墓制は、北は奈良市域から南は吉野にかかるあたりまで、ひろく分布している。もちろん大和盆地のみならず、近畿地方全般に両墓制が分布していることはすでにしられている。

大和の両墓制の特質

大和高原における両墓制の特質として、まず第一には、埋め墓は、死亡年齢によって上段から下段へ、つまり奥から入口へ向けて、順次埋葬される傾向にある。さらに、その地域社会における社会的人間カテゴリーと未熟である子供カテゴリーとに分類されて、子供は社会的死者から分離され、埋め墓入口付近の外に子墓として埋葬されている。そしてここにみられる特徴は、まず社会的に承認された人間としての死者と、完全に社会化されていない人間としての子供死者という分類の原理があることとである。しかも子供死者は隔離されている空間に埋葬されることに注目しなければならない。

第二の特徴は、社会的人間としての死者のうち、とくに地域社会の最長老を特別視し、埋め墓域の最奥または最上段に埋葬することである。この地方では、地域社会にもとづいた神社祭祀組織、つまり「宮座」組織があって、最長老衆は「六人衆」・「八人衆」・「十一人衆」・「十二人衆」あるいは「十六人衆」などとよばれ、ときには「村年寄」・「宮年寄」などとよばれる。この層の死者は、埋め墓のもっとも奥の特別の空間に埋葬される。ところによっては、特殊な塔婆《とうば》をたてることもある。つまり、日常の社会的・祭祀的組織が埋め墓の空間的な秩序のなかに、直接的に反映されているのである。

第三の特徴は、この地域の埋め墓の埋葬空間秩序として、男女別の原則がみられることである。たとえば、埋め墓空間の入口からみて真ん中に一つの区切りをつける。たとえば、右側が男性死者、左側が女性死者という具合に分けて、地域によってはそれぞれ「男墓」と「女墓」とよぶ。また他の地域では男女の区分が逆になって、左―男性死者、右―女性死者という例もほんのわずかながら存在するが、一般的には、さきのような例が多い。

この地域では、埋め墓へ参る期間はほぼ四九日までで、その他としては、詣り墓に石塔を建立するというところもある。

また、埋め墓の形態としては、この地域にはかなりはばひろい種類がある。たとえば、奈良県添上郡月瀬村中畑では、埋め墓は地域社会から一キロ近くはなれた山のなかにあるが、埋め墓地域の最上段、つまり最奥は、地域社会の最長老のための「八人バカ」である。その下段に一般の社会的人間としての死者の土葬空間があり、さらにその下位空間が子墓地域として分類されている。

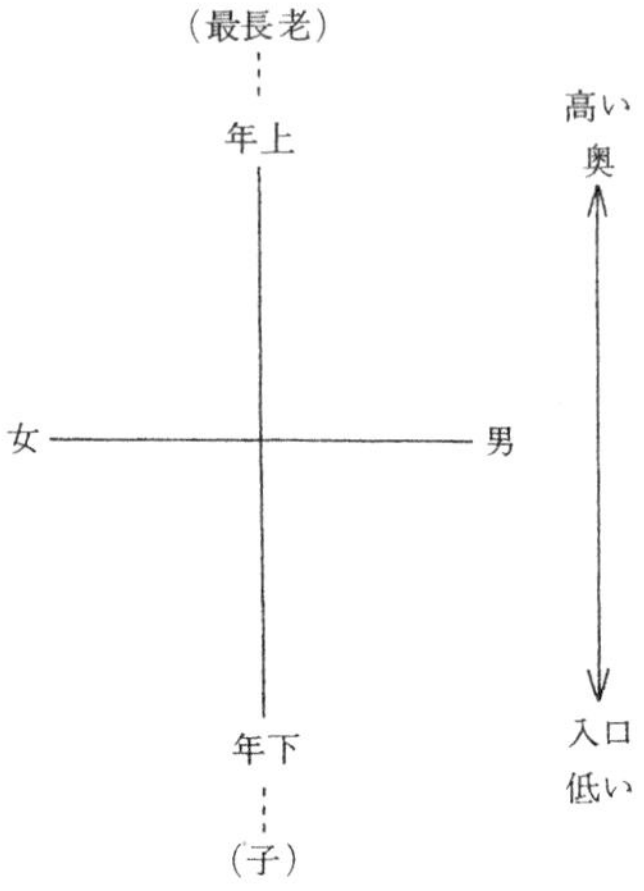

図16　埋め墓の埋葬概念図

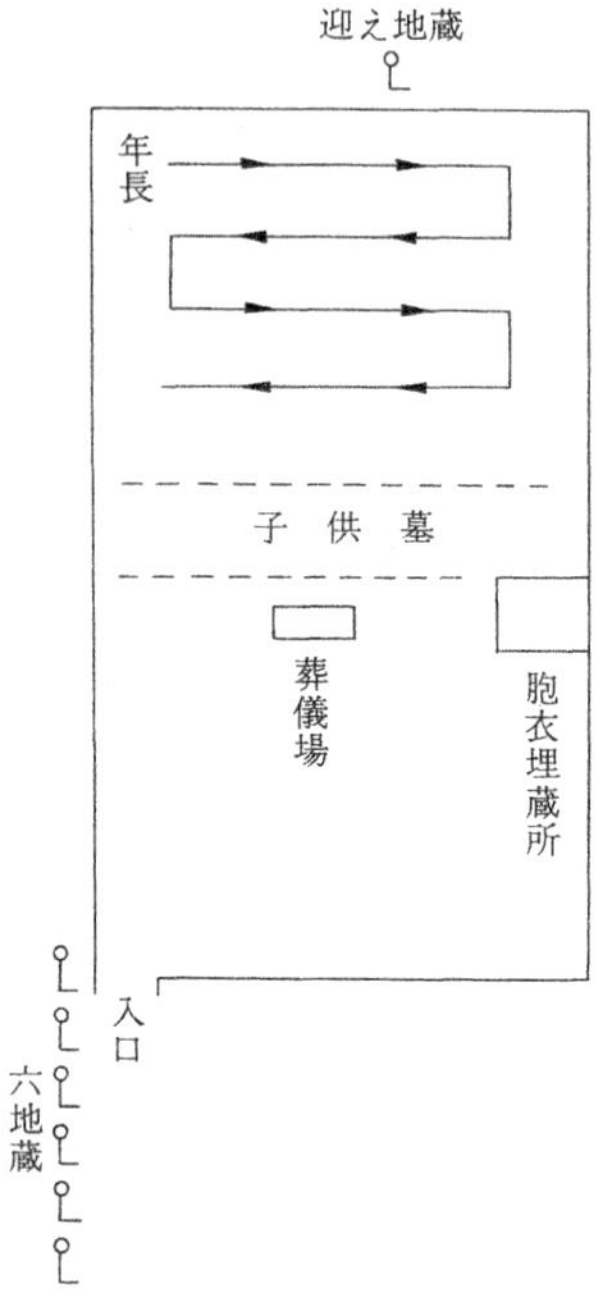

図17　大保集落の埋め墓

男女別埋葬

また、埋め墓への埋葬形式として男女別に区画を分けて埋葬する事例がある。たとえば、奈良市内の旧柳生村柳生下集落では、埋め墓の入口からみて、右側が男の埋め墓、左側が女の埋め墓で、さらに奥の高い方は高齢者であり、順次下の方に向って年齢が若くなる。そして墓域の入口近くに子墓が設けられている。男女の埋葬地の土まんじゅうには、戒名・死亡年月日・死亡年齢のみがしるされた木がたてられているだけであり、詣り墓は石塔群がほぼ家別にたてられている。奈良県添上郡月瀬村の嵩集落では、埋め墓の入口すぐのところは子墓で占められ、内部は右側が男性死者、左側が女性死者となり、最奥は死者と別れをおこなう祭場となっている。

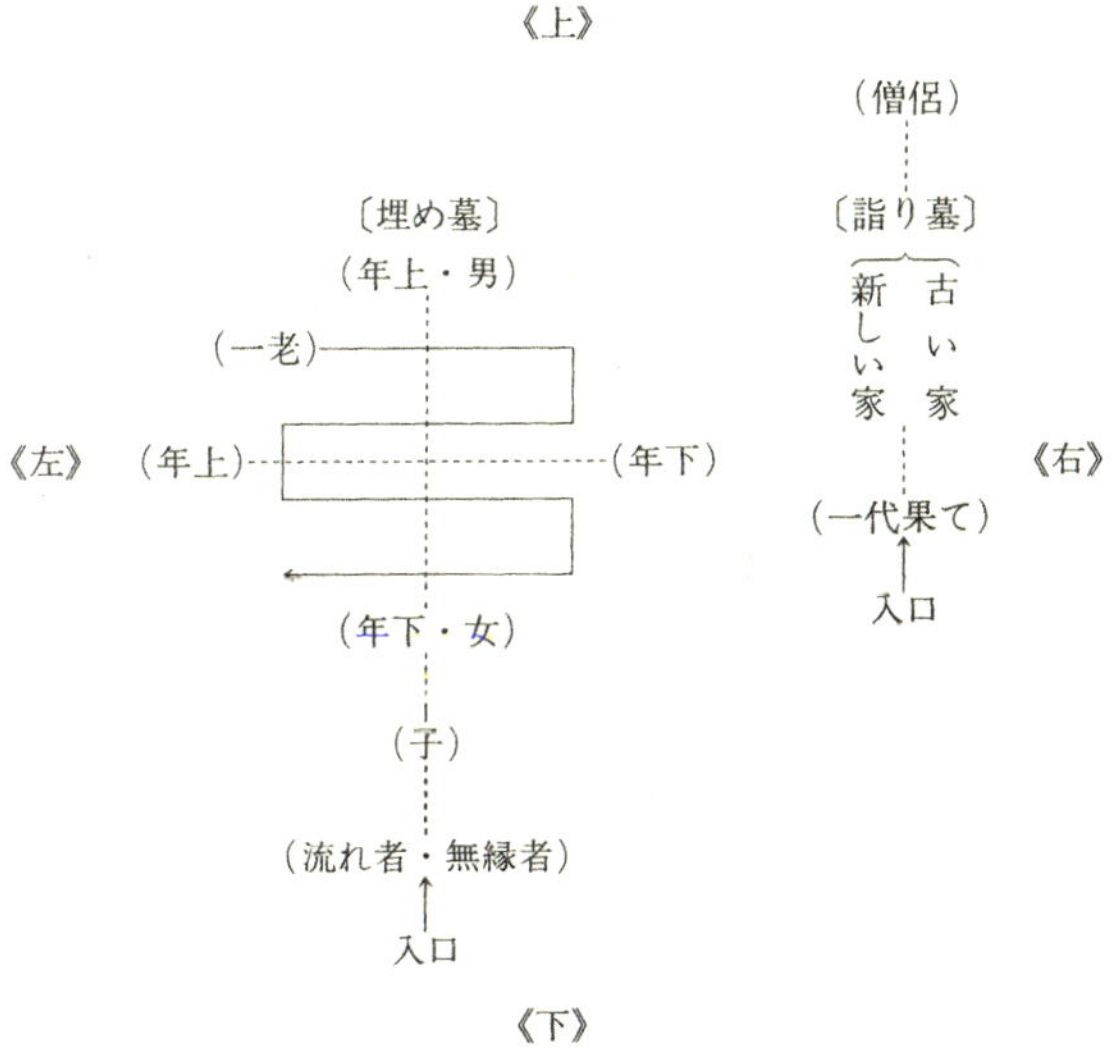

図18　神野集落の墓地空間

以上二例を、わかりやすく図示すれば図16のようになる。

おなじ男女別でも、埋め墓の奥が男性死者中心の埋葬地域で入口近くが女性中心となり、女性の高年齢者が男性の若年層と重なり合うような埋葬形式をおこなっているのが、旧柿生村の大茲仙集落である。子墓は埋め墓入口手前脇の一段下がったところにある。

世代別埋葬

一方、奈良市内の旧東里村大保集落の埋め墓は、男女別にこだわらずもっぱら年齢順によって上の高い地域の左側から右へ順次埋葬し、さらに下がった地域に右から左へ、その下段は左から右へと順次埋葬している。多くの埋葬の事例とおなじく、埋め墓の入口には自界と異界との境を示す六地蔵が祀られている。そして、一〇歳以下の死者は最下段の子墓に埋葬される。この形態を図示しておこう（図17）。

おなじく奈良市内のかつらぎ町神野集落の南に面した山の傾斜地に墓地がある。ここでは、低いところからみて左側の方に埋め墓があり、右側に家別の詣り墓がある。詣り墓の奥の方は、古い家筋の石塔があり、その右手前の方には、「一代果て《いちだいば》」といわれる未婚の死者の石塔がならんでいる。この詣り墓の最奥は僧侶の墓域となっている。

他方、埋め墓は斜面が数壇に分かれていて、最上段の左手が、生前もっとも高い地位にあった「一老」または神主とよばれた最年長者を埋葬する。あとは年齢順に左から右へ男性死者が埋葬され、年齢の低い死者は順次下段へと埋葬される。約一段の年齢幅はおよそ一〇歳になるという。女性は一般的には下段に埋葬され、女性の高齢者、たとえば七〇歳代は男性の五〇歳代とほぼおなじ段に埋葬される。したがって一〇段あたりが男女まじり合った埋葬区画ということになる。最下段は子墓で、小学生までの死者を埋める。両墓地のさらに下の方は、他者《よそもの》の無縁死者の埋葬地である。埋め墓の上位男性、下位女性という年齢秩序にもとづく埋葬原理は、新しい死者の年齢に応じた埋葬地があいていない場合、その適否をめぐってしばしば争いとなる。つまり、そうした場合、死者の適性埋葬区画の上の方にもっていくか、あるいは下の方にもっていくかによって問題がこじれることがあるのである。このもめごとにたいしては、集落の長・長老・町内会長などの合議によって問題の解決がはかられる。

なお、神野集落の墓地概念図を示せば図18のようになる。

子　墓

子墓のひろがり

すでにふれた、沖縄本島南部地方の例のように、門中墓とは別に七歳以下の子供の死者を葬る子墓というものが存在する。また両墓制の場合は、埋め墓の入口（主に外側または入口脇）のあたりに子墓も設ける。つぎに、さきに紹介した中田太造の奈良県下の墓制調査にもとづいて、子墓の事例をみてみよう。それによれば、奈良市のあちこち、また大和郡山市および生駒郡・天理市・橿原市・吉野郡その他にいたるまでひろく子墓の存在が報告されている。前述の両墓制に関連してとりあげた子墓資料を除いていくつかをみると、たとえば大和郡山市の美濃庄では、子墓には乳飲み子のような小さな子供を埋めるという。しかし、おなじ市の宮堂町では、子墓は集落の外にあるが、一〇歳以下のものを埋めるという。生駒郡平群村では、おなじく一〇歳までの子を子墓に入れるところもあれば、成人に達しないものをすべて子墓に埋葬するところもある。また三歳以下の子供を埋めるところもある。注目される事例として、生駒群南生駒村乙田では、つぎのような埋葬の方法をとっている。

墓は、村の南西側の丘の上にある。墓の入口の方に六地蔵があるが、この六地蔵から下の方（西側）が「コハカ」である。それから上の方（東側）が大人の墓になっている。四、五歳位までの子供はコハカに埋める。コハカは家毎に区画が設けられていずどこでも勝手に埋める。埋めた後に石をのせて置くだけである。最近は小さな石塔も建てている。子供は一人前の所ではいかんという。

大人の墓も土葬であるが、一軒毎に区画をなして居り、埋葬した上に石塔を建てている。所狭しと石塔が乱立していて自分の家の墓域が足りなくなると更に上の方に自由に広げているようである。

墓の南側の道から見ると、石塔の乱立している大人の墓と、石塔のほとんど無い子供の墓の妙なコントラストを為している。（中田太造、前掲報告文）

幼童死者は非火葬

いまひとつ、これも子墓の性格を考えるうえで重要だと思われるものは、天理市の輪弥《わじ》町では成人墓は火葬であるが、子墓に埋葬する子供だけは火葬にしないということである。おなじことは、橿原市の四条町の子墓には七歳以下の子供を埋葬するが、成人とちがって火葬にはしないという例があげられる。また、吉野郡の下一町野々熊では、大人は火葬であるが、やはり子供は火葬ではなく土葬であるという。

こうした幼児の埋葬は、かなりひろくみられる。この葬法のもつ意味を大間知篤三は、「幼児の生命」というエッセイのなかで、つぎのようにのべている（大間知篤三『神津の花正月』一九三三年）。

生児の生存権の問題は、一方その死及び葬法といふ方面から考へてゆける。子三昧、子墓、赤児山寺等よばれ、幼児の墓地を大人の墓地とは別に設ける習はしがあつた。一つの墓地内ではなく、全然別の地に部落共有の小児墓地を設けるといふ形式を取つてゐたのである。

そして大間知が示した資料によれば、全国的にみて、七歳以下の子供をとくべつな墓（地）に葬る民俗は、かなりひろくゆきわたっているとみられる。

青森県の三戸郡では「七ツ以下は神のうち」という諺《ことわざ》があるそうだ。また常陸の北部では「六ツ前は神のうち」という諺があるという。いまでは北常陸ではもはやそのような扱いをせず、二歳までに死んだ子供は女性たちだけでささやかな弔いをしたのち、家屋の床下に埋葬するようになったという。また、壱岐では年内に死んだ嬰児は「水子」とよび、仏のうちに数え入れない習慣であった。

負空間としての幼童埋葬

子墓の若干の事例とその意味については、いまのところいくつかの説明が主張されているが、床下埋葬については、その家にふたたび生まれてくることを願う呪法、つまり幼児の再生を願う信仰であるという説が一般的である。しかし、この説明もまた十分であるとはいえない。というのは、集落の外、とくに集落にとっての裏側とか、劣位の方位や場所に子墓を設定する考え方と比較してみて、家ヤシキあるいは家屋空間の方位観の様相からみて、床下なども劣位空間といえるからである。しかも家屋を中心にした宇宙論からみても、それは「地下界」のシンボリズムがあるように思われ、霊的存在としての幼児に適合した埋葬法であるということが第一である。それはかつて、出産は、集落外の裏手の「産屋」、「土間」の片隅、あるいは「納戸」の暗い空間でおこなわれてきたことと無関係ではないであろう。

子墓のことを地方によってはさまざまなよび方をする。たとえば、コバカ（子墓）・コサンマイ（小三昧）・ワラビバカ（童墓）などだが、大間知はつぎのように述べている。

小児の葬地を、別に設ける習俗は、今もあり、また、遠い過去の文献資料に、之を求めることが出来る。

これにたいし、一部の民俗学者が、もともと子墓（地）は古くから存在するものでなく、比較的あたらしく生まれてきた民俗であろうと断定している。しかし最近発掘された広大な縄文遺跡、青森市の三内丸山遺跡では、成人墓と子墓との墓地が明確に分離されているという発掘成果がある。

子墓の時代性

三内丸山遺跡における墓地にかんするこれまでの各種報告によると、子墓にたいするもう一つの墓を「成人墓」と説明しているが、この点、成人という言葉に注意しなくてはならない。というのは、遺骨出土がなくかつ社会的人間のカテゴリーの体系がはっきりしていないからである。そこで、この遺跡については「子墓」と「社会人墓」というぐあいによんでおこう。

三内丸山の社会人墓と子墓

社会人墓は、集落外の東側に南北に分かれて整然と二列に配列されている。発掘の当初は南北軸の長さが一六五メートル以上といわれていたが、最近の発掘報告では、二一〇メートルもつづいていて、全体で一五〇～二〇〇基もならんでいると推定されている。社会人墓は土壙墓で、多くは小判形に掘られている。おそらく屈葬であったと推定されている。南北軸によって東側と西側にきれいに配列されていることについては、さまざまな意見が出されているが、可能性の一つとして遺跡集落の構成員が双分組織（地域的あるいは社会的）にもとづいて社会的・祭祀的生活をおくっていたのではなかろうかと推定できる。

一方、子墓は集落北端から南に向けてきりこんでいる谷の東側台地の縁と、集落地の北側とから甕棺の葬法で発掘されている。幼児を葬った土器は、ほぼ垂直に埋葬されていて、そのなかからは、いくつかの甕の底に穴をあけたものが発見され、またその内部には、にぎりこぶし大の丸い石が一～二個納められているものがあった。なお、いまのところ、甕棺は約八八〇基発見されている。

また、わたくしは、三内丸山遺跡における社会人墓と子墓については、シンポジウム『縄文のまほろば三内丸山遺跡――クニの黎明吉野ヶ里遺跡』（一九九五年十一月五日、有楽町朝日ホール、レジュメ参照）において、つぎのようにかんたんな報告をおこなった。

社会人墓における双分的配置——社会人墓の配列をみると、それは真ん中の道をはさんで、ほぼ整然とした二列による平行墓地である。この解釈はいろいろ考えられるが、集落共同体における地域的双分組織の存在の可能性を予想したほうがよいのではあるまいか。つまり集落共同体がたとえば、日の出／日没、地つき系／後入り系、右／左、山／海、上／下、上流／下流など、二項対置による双分組織があって、それにもとづいた埋葬形式およびコスモロジーであったのであろうか。

死霊アニミズムの異界観——系譜的認知にもとづくような祖霊観ではなく、死者全体にかかわる死霊観による死生観であったと考えてよい。死者の肉体は大地にかえり、不滅としての死霊は、居住集落の外部、住民が異界と考えるような空間（森・洞窟など）を原郷とする。死霊を住居集落内によびこまないためのさまざまな儀礼があったと考えられる。新しい死を排除するためにである。ただし、半ば霊的存在にして半ば社会的存在である子供・幼児の死霊（両義的存在）は、死霊世界に回帰し、再び生を得てこの世に再生すると考えられたであろう。アニミズム信仰にもとづいた信仰世界の中で、とくに死霊アニミズムが強烈であったと考えられる。

すでにふれた奈良の両墓制のうち、独身の死者は「一代果て」とよばれ、やはり子墓に近い一段と低いところに埋葬される。これは家永続の理念からみて、祀り手のいない死者ということになり、幼児の死霊に近い扱いとなったのだ。祀り手のいない死者といえば、無縁仏もそうであって、やはり子墓に近いところによそもののための埋葬地がある。また、死霊アニミズムからみて、事故死・出産死・水子などは、不安定な祟りの性質をもった死霊である。のちに述べる東南アジア農耕民のあいだにおいても、自分が属する集落や共同体の外で死亡したもの、出産による死者、首狩りされたものの死者などは、畏怖と祟りの対象となり、さまざまな不幸をもたらす死霊と考えられている。

常ならざる死

そして、幼児の死者は、上に述べたような、自然死とはちがった不慮の死につながる死者祭祀とかかわっているように思われる。ふたたび大間知の説明にしたがえば、母体に宿る子は出生後の生存権を予約されている。この点は、現在も過去もおなじと考える。しかし、出生後間もなく死亡した幼児は、社会的人間としての人生や生命が保障されていたにもかかわらず、一定の年齢や定めにしたがわなかったわけで、そのため不安定な死霊の存在とされてきた。

そして大間知はいう。「生理的生出を以つて未だ生きた人間と見ず、彼の世と此の世との境にゐるもの、及至《ないし》は人間の候補者としか見なされぬといふ傾向はたしかにあつた」。

幼童死者の両義性

これは、重要な指摘であると思う。沖縄本島あたりでおこなわれている、七歳未満の男性の死者にたいしては、社会的人間としての負うべき義務や権利はあたえられない。つまり、家や財産の継承と相続の担い手とはなりえないということである。あるいは、奈良県のあちこちでみられた、その地域社会での子墓埋葬の対象となる子供の死者は、たとえその地域で火葬が一般的であっても、子供死者は火葬にしないで、土葬し、自然に回帰させるという弔い方をおこなっている。そうした幼児の死者は半ば社会的存在であり、半ば霊的存在であるという性格を示している。つまり「この世」＝「自界」と「あの世」＝「異界」とにかかわる「両義的存在」である。言葉をかえれば、「境界的存在」である。そうした子供死者は、特異な聖性をもっているということだ。東北地方にみられ、豊穣と滅亡の力をもつといわれるヤシキワラシ（屋敷童）という霊的存在とおなじである。これを「幼童原理」とよんでおこう。

志摩・今浦の両墓制

志摩の両墓制地帯の一つ、鳥羽市の今浦集落を調査した肖紅燕《しょうこうえん》によれば、ここでは埋め墓を「墓地」・「墓」・「墓制」とよび、詣り墓を「檀塔」とよんでいるという。

葬い組織

そして、葬式にかんして、今浦集落には特有の葬祭組織がある。

集落の真ん中を小さな川が流れており、この川を境にして、集落は二分される。昔は上流側からみて、左側地区には本家があつまり、右側地区は分家の家々であったと伝えられる。そして、葬祭を川の片側だけの地区でおこなう場合を「片会合（片鉢）」とし、両側地区全部でおこなう場合を「両会合（両鉢）」とよぶ。片会合は、死者の棺を片側地区のみまわし、両会合の場合は集落全体をまわらねばならない。葬式をおこなった翌日、原則的には、必ず「巫女寄せ」つまり東北地方のイタコなどがおこなう「口寄せ」をおこなう。現在では、ほとんど伊勢地方の「巫女さん」にたのむらしい。さらに、死者を埋め墓に埋葬した翌日には、「岳参り」をおこない、死者の近親者は、死霊の不安定を恐れ、死霊の怨念をはらうために、山参りをおこなうようである。調査者の説明によれば、「つまり、岳参りで招き鎮めた死霊をもう一度呼び出してきて、その心境や死の原因および家族・親戚への願望を語りかけ、些《いささ》かも思い残すことなくあの世へ赴くように仕向けたのである。そこに巫女寄せのもっとも重要な目的があったのではないだろうか」という。つまり死霊の安定化・鎮めへの儀礼である。

埋め墓

埋め墓は「むせの山」とよばれる集落外の山の麓にある。しかし、昔は現在の景観よりも藪のなか、あるいは雑木林のおいしげったなかにあったという。そこは、まさに死霊がはびこっているような荒れはてた景観であったらしい。そのため、女の人はお墓がこわくて、その近くを一人歩きできないほどであったという。ふだんけっして足をふみ入れることのないところであった。

一方、詣り墓「檀塔」は集落の中心地である。大江村境内の奥に設けられて、そこはりっぱな石塔がところせましと立ちならんでいる。調査者によれば、今浦集落の詣り墓の成立期は近世あたりであると考えている。詣り墓の石塔には、死者の遺骨をふくめ、いっさい何も納められていない。地元の僧侶の説明によれば、石塔には「お魂入れ」の儀礼がおこなわれているので、そこには死者の魂が入っているという。また逆に、「仏抜き」の儀礼をおこなえば、その石塔はたんなる石にすぎなくなるのである。

ここでは、埋め墓にたいしても詣り墓にたいしても、墓との接触は五〇年忌の「弔い上げ」まで持続的におこなわれているようである。この点おなじ志摩地方でも、後に述べる菅島とは大分ちがうようである。菅島では、埋め墓に入るのは葬式の翌日と盆行事の二回のみで、埋め墓との接触をなるべくさけるようにつとめ、その後は詣り墓の方に参ることにする。つまり、不浄霊としてこの死霊のこもる埋め墓をさけるのである。事実、わたくしが学生たちをつれて菅島の埋め墓を観察して宿泊先の民宿にかえりついたとき、すでにわたくしたちが埋め墓を徘徊《はいかい》していたという情報をえた民宿のおばあさんが、塩をもって玄関口で待っていた。そしてわたくしたちに塩をふりかけ、不浄性を払って家のなかに入れてくれた。このように菅島では、埋め墓の不浄的性格をつよく意識している。

志摩・菅島の両墓制

菅島の地勢

三重県志摩地方は、典型的な両墓制地帯として有名である。そのなかの一つ、菅島《すがしま》は集落の景観および方位にもとづく観念が、死霊とのかかわり合いでかなり発達していると思われる好例である。菅島は鳥羽港から市営の連絡船で約二〇分のところにある一島一村落である。外洋に面した南面は絶壁の海岸で、港はおろか集落を形成するにももっとも適しない地形である。したがって集落は北面したところに設けられ、そこに漁港がある。山地は南面に比較してゆるやかとはいえ、それでも海岸にせまった傾斜地である。集落は約二〇〇戸余りで、傾斜地に家々が立ちならび、五つの谷によって自然的にも社会的にも分かれている。それぞれの谷の小川筋沿いに組が構成され、盆行

図19　埋め墓（三重県菅島）

図20　詣り墓（三重県菅島）

事その他のための機能を果たしている。

埋め墓と詣り墓

さて、死者を埋葬する埋め墓はミハカとよばれ、集落外の西側部分にひろがっている。また詣り墓は、集落内にある冷泉寺（曹洞宗）の境内山側の丘陵地にあって、カリミセとよばれている。このように、埋め墓は集落外でかつ集落の表側でなく裏側または隅端と考えられる方向におかれている。これにたいし、詣り墓は集落内中心地近くにおかれている。詣り墓は個人または複数死者の名をきざんだ小石塔群であり、最近では家筋墓（先祖代々之墓ときざみこんだもの）がさかんに建てられるようになっている。そのようなあたらしい形態としての家筋墓のまわりには、その家と関係あるとみとめられた大小の石塔が集められている。詣り墓においては、個人墓的性格の石塔群から家筋墓への変化が具体的に観察されるのである。

埋め墓

詣り墓周辺は集落西はずれに六地蔵が安置され、そこには島の人が「三途《さんず》の川」とよぶ小川が流れていて、集落空間と埋め墓域とがはっきりと分かたれている。もともと埋め墓は集落外の海浜にあったが、現在では海が埋めたてられたため、海からやや遠ざかっている。かつては海が荒れると埋め墓の一部が流されて、人骨が浜におきすてられていたこともあるという。葬送においては、死者の棺は六地蔵の前で最

図21　埋め墓入口にある六地蔵

図22　埋め墓入口付近にある子墓

後の別れをし、詣り墓の適当な場所に埋葬される。また、詣り墓にはかつては石塔をたてないことが一般的であったといわれているが、現在ではいくつかの石塔がみられる。ただしそれには特別に家筋などはしるされてはいない。

埋め墓の入口右手の低いところは、子墓専用の区画である。人々は、最近の死者の埋葬区画、あるいは近い親戚の死者の埋葬区画は記憶しているが、その他のことはいっさいわからないということである。あたらしい死者のための墓穴を掘ると、しばしば古い死者の遺骨などが出てくることがあるが、そのときには、あたらしい棺とともにふたたび埋めてしまう。このように適当な場所をえらんで死者を埋葬するので、死者のまとう衣類や棺はくさりやすいものを使用するよう注意している。

埋葬法　遺体を埋葬すると、「三ッ石」とよばれる三つの自然石を上におく。この石は盆前に、遠くはなれた浜からとってきてたてるのであるが、ある家ではじめての死者が出たときには、本家（実家）から古い三ッ石をかりてきて、のちにあたらしい三ッ石ととりかえる。したがって、埋め墓の景観は石の重なり合いの様相をみせることになる。さきに述べたように、石塔には戒名や俗名をきざみこんではいけないし、石塔の種類にはさまざまな形があるが、この問題は省略しておこう。

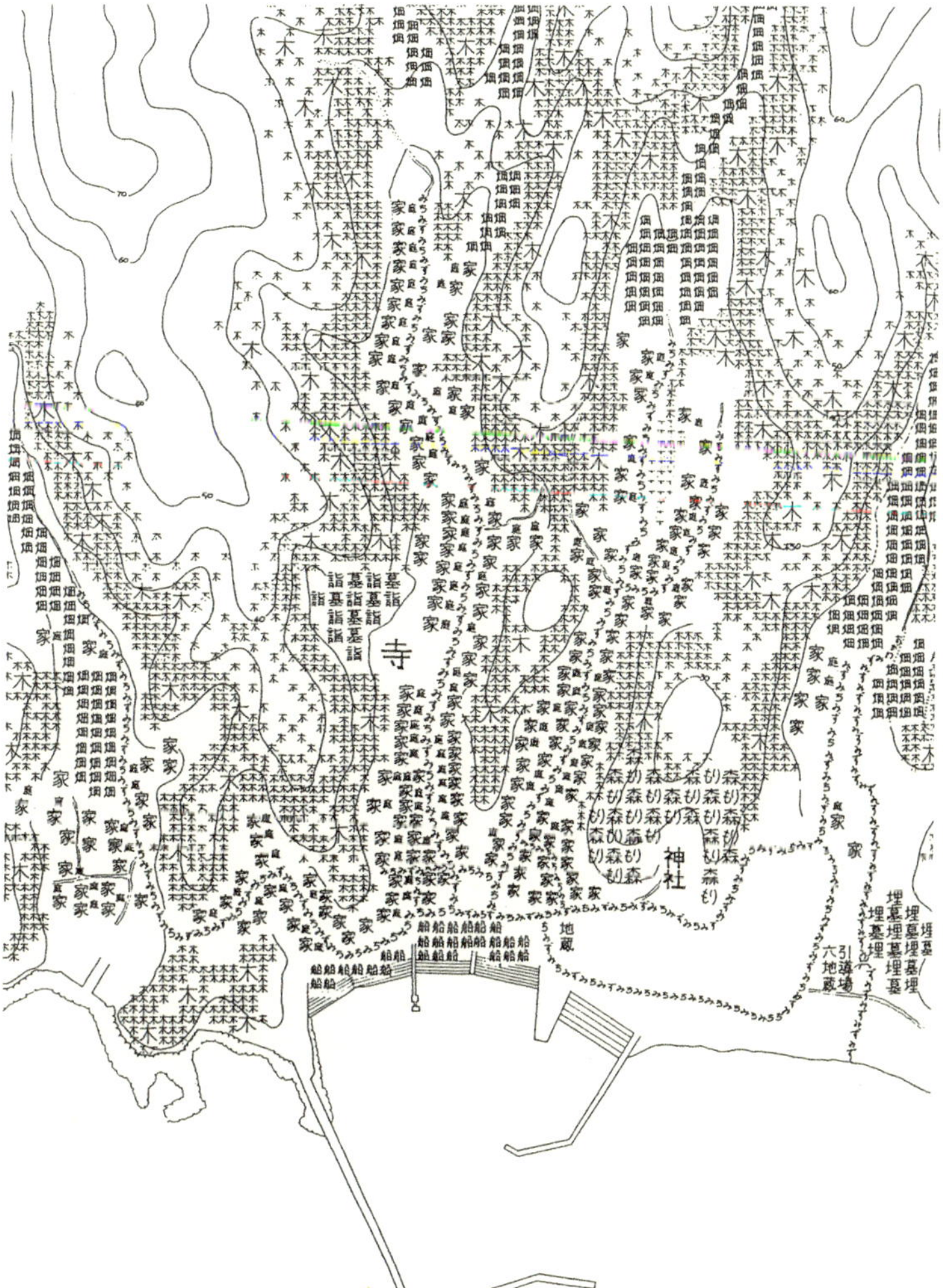

図23　菅島の祭祀空間図

上に述べたような菅島の集落景観と葬墓の方法をもとに、祭祀を中心にした集落概念を整理してみよう。

集落景観

菅島については、建築学の研究集団が興味ある報告をおこなっている。それは、明治大学工学部神代研究室の編集による『日本のコミュニティ』（SD別冊、七号、一九七五年）である。日本各地のさまざまな形態の集落を調査地としてとりあげ、それぞれについての集落デザインの手法による調査報告集である。そのなかに、菅島のちみつな集落デザインが示されている。いくつかの興味ある概念図のうち、祭祀空間にかかわりのあるものを紹介しておこう（図23）。

図には森林や山の空間は「木」・「森」・「畑」、そして各家の所在は「家」などというように示されている。この図から読みとれるように、詣り墓は集落内、埋め墓は集落外、そして盆行事における死霊の送りは港から外に出て、島を半周して、南方向の外洋のかなたに送られるということが理解できる。

民俗方位

菅島についての集落デザインや祭祀空間などを整理してみると、つぎのような方位観の存在がわかる。

日本の民家・集落・神社などは、原則的には地形の許すかぎり、土地の人々の認識する、いわゆる「民俗方位」としての「南」に面して配置され、デザインされる傾向がある。しかし、さきに述べたように、菅島は地形上、南向きに集落を立地することが不可能であった。それにもかかわらず、死霊のおくり先、その原郷を南の海のかなた（海底をふくむ）、つまり下界とし、「北」をその反対の方位としたことは、注目すべきことだ。

さらに東西軸をみると、不浄空間としての埋め墓は、集落の外、西側の端で、境界としての六地蔵や「三途の川」の向うであった。

その結果、つぎのような空間分類を読みとることができる。

〔西（南）〕	〔東（北）〕
埋め墓	詣り墓
原　野	集　落
死　霊	祖　霊
不　浄	浄

さらにそれを要約すれば、図24のような方位観の存在を示すことができる。

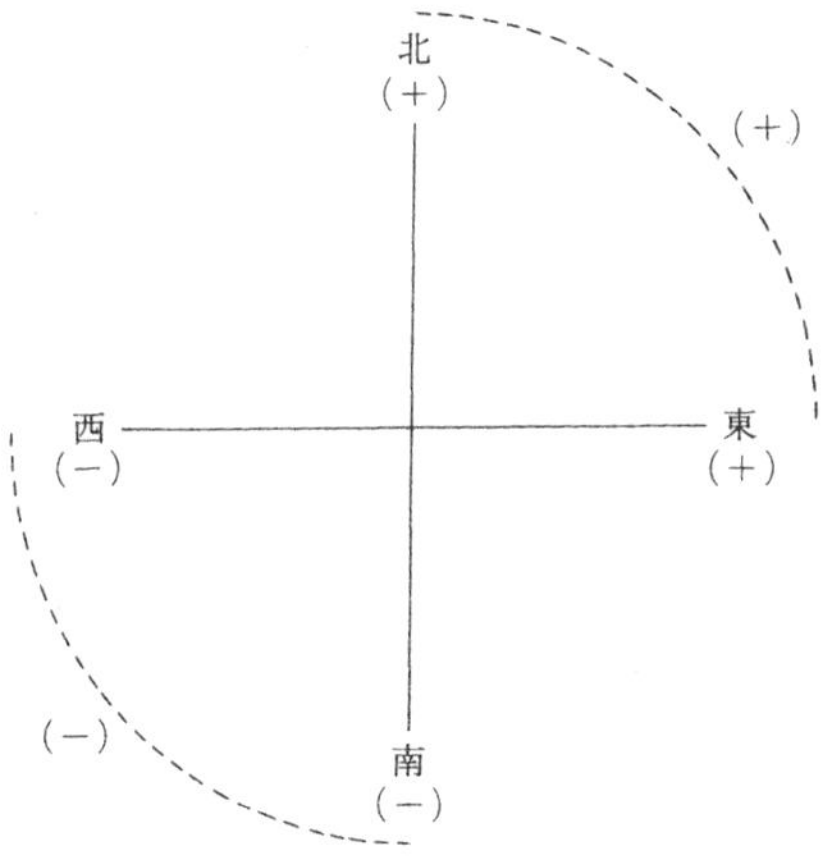

図24　菅島の方位観

つまり、東の優位と西の劣位、また北の方位を優位とし、南の方位を死霊の原郷である劣位の異界としている。それらを総合的にとらえると、北ないし東の優位と西または南の劣位というシンボリズムを予想させる。

盆まつり

菅島における盆のまつりは、準備段階を入れると七月三十一日からはじまり、八月三十一日の「ジンジ舟」の送りまでおこなわれる。きわめて長期にわたる盆のまつりである、死者霊の迎えは八月十三日におこなうが、これは、埋め墓から迎えるのであって、その事前の儀礼として、八月七日に「笹舟」を浜で流し、死霊を迎える準備をする。死霊を迎えたことについて、土地の人は「ミハカ（埋め墓）はからになった」のだと表現する人もいて、死霊は海のかなたと結びついていると考えられ、埋め墓をへて各家に迎えられるという。

埋め墓参りのときには、人々はなるべくつれだって墓にいき、花を供え、いそいで家にかえるという。なにか不浄の地から一刻もはやくはなれたいという感情があらわれているように思われる。これにたいして詣り墓への墓参は、各家各人個別に適当にお参りしている。そして人々は「ミハカ」は「捨て墓」とまでいい切る人もいる。

また、長期にわたる盆まつりの最終日八月三十一日のさまざまな行事をみると、この日は盆まつりにおける死者祭祀のしめくくりで、人々の日常生活がもとの状態にたちかえる節目と考えられる。そして当日は、二つのきわだった儀礼がおこなわれる。一つは冷泉寺における「百万遍《ひゃくまんべん》」と、他の一つは「ジンジ舟」送りである。百万遍はジンジ舟を安置した冷泉寺の本堂でおこなわれ、僧侶・寺総代・世代階梯制にもとづく元老や組代表、さらに多数の子供たちが集まっておこなわれる。僧侶の読経に合わせ、大きな数珠を右まわりにまわし、さまざまな災厄や悪しきものをとり去り、安置されたジンジ舟にこめる。その後人々は、ジンジ舟をかつぎ、集落内のあちこちをまわる。つまり集落内のさまざまな災厄と死霊をジンジ舟にのせ、それに托して南の海のかなたへと送るために浜に向うのである。

ジンジ舟・死霊船

浜で漁船にのせられたジンジ舟は、島を半周して外洋に面した南の海に流される。これと、菅島の各家の仏壇がすべて南向きに安置されていることなどとを考え合わせると、死霊の原郷を南の方位にある海のかなた、または海底であると考えているのであろうと思われる。つまり「下界」あるいは暗黒の異界と考えられている海のかなたは、不浄死霊・災厄さまざまな悪しき存在などを送り込むところであって、負を帯びたものすべてをかかえこむ世界であるといえよう。

日本の民俗学では、ある儀礼をへた死霊や、盆のまつりの死者霊をすべて総括して、「祖霊」と規定する傾向があるが、この点は再考を要するところである。祖霊は、一定の家筋や一系的親族組織による死者霊ないしは始祖的性格の霊的存在にたいして用いられることがのぞましいであろう。

石鏡の埋め墓

最後に、もう一つ志摩地方における両墓制の例として、わたくしが訪ねた石鏡《いじが》集落をみてみよう。海岸にせまった南面の傾斜地にはりつくようにして石鏡集落は成り立っている。菅島の場合には、集落自体が北に向かってつくらざるをえなかったが、祭祀的世界は南面方位観に合わせるように形づくられていた。同様に、石鏡集落における埋め墓は、集落の西はずれに設けられ、詣り墓はやはり集落内である。埋め墓の地盤は岩盤上にあり、深く掘り下げて死者を埋葬することははなはだ困難である。したがって、ときには棺の上部の一部が地表上にあるため、小さな岩石をつみ上げて棺をおおうことがある。

埋め墓への入口は、急な階段で、のぼりつめたところに六地蔵が安置されている。数年前の調査時点までは、土葬墓の上に小さな自然石をおいていたのであるが、近頃はそれに屋号などの家印をきざむものが多くみられるようになった。つまり、土葬地の戸別化が進

図25　三重県志摩地方石鏡集落の埋め墓

図26　埋め墓の場所に立てられた家印石塔（石鏡集落）

行したといえる。もともとは、自由に場所をえらんで埋葬していたのであるが、しだいに家単位ごとに埋葬地が固定されるようになったのである。

東南アジア稲作社会の死霊

東南アジア島嶼諸族の死霊

強い死霊信仰

東南アジア島嶼《とうしょ》地域における稲作農耕民の土地耕作形態には、焼畑耕作と水田耕作とがある。両者の分布は混じり合って存在しているが、焼畑耕作民の社会は、一般的には移動的居住形態の傾向があり、集落を形成しなかったり、あるいは高床式長屋集合住宅であったり、さまざまな居住の形態をとっている。他方、水田稲作民は一定した灌漑システムのもとに、水田耕作をおこなっているので定着性が高く、集落などを基礎的社会集団とする例が多い。しかし、両耕作形態の社会には、かれらの呪的・宗教的世界の深層に、霊的存在にたいする態度の共通性がある。すなわち、祖先崇拝というよりも、死霊《しりょう》にたいする強烈な畏《おそ》れと加護を願う心情の存在である。つまり、それは死霊アニミズムの世界である。

そのような事例を、ボルネオ島焼畑稲作農耕民であるイバン族についてみてみよう。イバンでは、アントゥ（*antu*）という語はひじょうに幅ひろく使用され、人間についても、動物についてもさまざまなイメージで語られる。人間にたいし危険や災いをあたえる霊的存在として異常死者の死霊、または風・雲・雷などの自然現象もアントゥ霊である。また壺《つぼ》・稲などの物もやはりそうである。アントゥ霊の根幹には「死霊としての存在」がみえてくるようである。

死霊アニート

アントゥはマレー語のハントゥ（*hantu*）に由来しているといわれているが、東南アジアの島々から台湾先住民にまでこの語の系統はひろくみられる。ミンダナオ島のバゴボ族では、多くの神霊が信仰されているが、それらの総称としてアニート（*anito*）霊があって、人々をまもり、病いを治し、医薬の源となっている。しかも、ババリアン（*babalyan*）とよばれる霊的職能者の知識や霊力は、アントゥからえるといわれている。ババリアンとはサンスクリット語で神経的な発作を意味するバディ（*badi*）に由来する語といわれ、南部フィリピンを中心にひろく使われている。ただし、セブ島をふくむビサヤ地方ではアントゥの代わりにディワタ（*diwata*）を使っている。

また、フィリピンのタガログ語地帯のうち中部ルソン島から北部ルソン島の山地民社会では、一般に「死霊」としてのアニートが使われている。とくに北部ルソン島山地稲作民の信仰と社会については、のちに少しくわしく述べるとして、おなじ原マレー系諸族である台湾先住民における二、三の例をあげておこう。ブヌン族では、霊的存在一般をカニート（*quanito*）といい、これには善と悪との両面があり、山など外で変死すると悪いカニートになるという。また、ツオ族では、人は死ねばウツ（*utsu*）霊になり、死霊の国にゆくという。台湾南部、紅頭嶼のヤミ族では、死霊を中心とした霊的存在をアニーツ（*anitsu*）という。上に述べた死霊を示す語は、いずれもアニート系である。こうしてみると、インドネシア語族のなかで *tu* や *to* のような語幹（または語尾）をもつ民俗語は、死霊またはひろい霊的存在をあらわしているようである。

台湾先住民

東南アジアの島々の諸族では、死霊アニミズムが人間生活の大きな部分を占めていることはすでに指摘した。先述の台湾先住民のブヌン族では、死霊やその他の霊的存在をすべてカニートといっているが、人はすべてカニートを保有しており、人の右肩には善霊カニートがあり、左肩には悪霊カニートが宿っているという。カニート霊自身は目にみえるものではなく、生きてはいるものの人かげのようなものだといわれる。人が悪いことをするのは、左右の善霊と悪霊とがたたかって悪霊が勝った場合であり、逆に人が善いことをするのは右の善霊が勝った場合であると信じられている。人が危機を脱することができたりするのは、右の善霊の働きであり、事故にあったり、怪我をするのは左の悪霊の働きである。人が死亡した場合、左右のカニートは、死霊となるが、変死者の死霊は山地にいくと信じられている。

おなじく台湾のアタヤル族では、善悪それぞれの霊が存在するが、悪霊はやはり変死者の霊である。そして変死者の死体は集落外に埋葬されるが、自然死の死体は、家屋の下に埋葬される。自然死したものの霊は、生者を加護してくれると考えられているからである。また、フィリピンに近い紅頭嶼のヤミ族では、アニオトとよばれる霊的存在が信仰されているると同時に、ひじょうに畏れられている。アニオトは主に死霊を示すものと考えられ、死者自体をひどく忌む。したがって死者を家屋内の地下に埋葬するというようなことはない。死者は森のなかの墓地に埋葬され、死霊が森から出てこないように願う儀式をおこなう（古野清人『高砂族の祭儀生活』三省堂、一九四五年、その他参照）。

首狩り死者

すでに述べたように、一般に首狩りされた死者にたいしては、自然死の場合と異なり、集落の外に他の事故死の場合とおなじように、夜明け前に埋葬される。こういった死んだ者のアニート霊はきわめて危険であり、復讐の念がこもった霊になると考えられている。したがって、死者の近親者は埋葬される死者を絶対にみないようにし、死者への祈りとかアニート霊にたいする語りかけなどは、葬式代表者として長老によっておこなわれる場合が多い。自然死の葬式のときは、埋葬直前に親族や友人の代表者が死者と共食をする習慣があるが、首狩りされた死者や事故死の場合には、死霊が不安定で、悪霊としての性格がつよく、それとの交流を閉ざす意味で共食はおこなわれない。葬式に参加する人々は、身を浄め、葬式代表者の長老は、死者の家族の喪に服する期間とおなじぐらい、さまざまな禁忌を守らねばならない。首狩りされた死者は、自然死の場合におけるように、屋内入口にある死の椅子に坐らせられないで、屋外の入口近くにたてかけられたのち、埋葬される。そして、自然死は「安定霊」扱いとなるのにたいし、首狩りされた死者は、「不安定霊」扱いとなる。埋葬後は、あたらしい死霊が、さらに死をもたらさないように、豚が死霊に捧げられ、共食をおこなう。あたらしい死霊ほど祟りがつよく作用するもの、と考えられている。

バコボ族

フィリピンのミンダナオ島における先述の焼畑稲作農耕民バコボ族の主要作物は稲であるが、それに加えてバナナやサゴヤシなども作っている。かれらの社会では、イスラム文化の影響も少しあって、有力者の家をダトゥ（首長家）とよび、家々の間に若干の身分階層が形成されている。バコボ族の宗教的意識では、人々はだれでもギモコドとよぶ霊をもっているという。バコボ族のある地方では、男女いずれも八つのギモコドをもち、人が死んだときにはその霊的存在は死者の身体からはなれると信じられている。もともと、人々は、右側に四つの霊があり、左側におなじく四つの霊があると考えられている。そして死ぬと右の四つの霊は天界にのぼり、左の四つの霊は地下界に下っていくという。天界は夜がなく、豊かな世界と考えられているが、そこは、この世の世界の生きうつしであるといわれている。また、バコボ族の他の地方では、先に紹介した台湾のブヌン族と同じように、人は霊を二つもっているという。右の霊は善、左の霊は悪であり、人が悪い行為をおこなうのは左の霊の働きであるという。死後は、右の霊は善霊として働き、よい世界へいくが、左の霊は悪霊（ブソ）と考えられ、地上をさまよい、人々に害をあたえるとされている。

ここでは霊的職能者はマバリアンとよばれ、死んだ人の霊アニートを駆使して、人々の病気を治したり、災いをとり除く働きをしている（F・C・コール『ミンダナオ・ダバオ地区の原始種族』一九一三年、英文）。

カリンガ族

ところで、フィリピン・北部ルソン島、ボントック族のすぐ北側、カリンガ族についてのR・F・バートンの記述は興味ぶかい。カリンガ族の間では、死霊は主に水田に宿っていると考えられている。稲の植付けが終わると、その家族の夫婦はにわとりと酒をもって水田にいき、死霊に祈る。これは、この水田をきり開いた昔の死者の霊にたいして祈るのである。死霊にたいして稲の収穫の無事を祈り、邪魔しないように願うのである。バートンによれば、これは水田から収穫を邪魔する死霊に出ていってもらうように祈るということだそうだが、その祈願の内容は、死霊のもつ善悪の両義性にたいし、さまざまな供物を捧げ、祈ることによって死霊の善い面をひきだすことに主たる目的があるように思われる。この点、後にふれるボントック族のアニート死霊と稲作との関係を考慮すると、その意味がよく理解されるであろう。

以上、東南アジアにおける若干の死霊アニミズムの諸相をとりあげたが、東南アジアの農耕民社会では、死霊と生者との関係が社会生活の基礎をなし、さまざまなしくみで密接につながっていることが理解できる。なお、つけ加えれば死霊と生者との関係には、このような日常的生活や大小の儀礼生活のなかでふかいつながりをもつだけでなく、死霊の悪霊的性格の結果としての病や悪い予兆などを排除する、死霊と生者との霊的媒介者としてのシャーマンの働きが認められる。

タグバヌア族の収穫祭

ボルネオ島の最北部のさらに北に、南シナ海に浮ぶ細長い島、パラワン島がある。この島の南部海岸周辺はイスラム教の影響を受けているが、南部山地には原マレー系パラワン族が住み、島の中部の山地には同系のタグバヌア族が住んでいる。両種族とも典型的な稲作焼畑農耕民であって、明確な母系制も父系制も確立しておらず、母方にも父方にも同等な親族関係をもつ、双系の社会生活を営んでいる。

一九六六年十月、わたくしはタグバヌア族のビラン儀礼（稲の収穫祭）の調査に出かけた。

ちょうど雨季の季節で、しばしばすさまじい雨と泥道に悩まされながら、海岸の町から数時間歩いてタグバヌアの集落にたどりついた。ちょうどビラン儀礼の準備に追われ、なんとなくざわめいたお祭り前の雰囲気が、あちこちの家々から押し寄せてくるのが感じられた。

ビラン儀礼は、イネの収穫ののちに、親族や知人がつどい、三日間にわたり各家単位でおこなわれる収穫祭であり、かつ来期の豊作を願う予祝的性格をもっていた。シカゴ大学

図27
稲収穫儀礼における屋内祭場(フィリピン・パラワン島，タグバヌア族)

図28
巫女の飛翔儀礼
(タグバヌア族)

出の社会人類学者・考古学者、R・フォックス博士は、この儀礼を死霊ディワタ（*diwata*）と生者の交流を願い、死者を慰め、生者の幸福を祈願する儀礼とみていた。たしかにそのような性格もあって、この一年間に誕生した幼児の魂込めと健康を願う、つまり「再生」儀礼が、ババリアン（*babalyan*）とよぶ女性シャーマンによっておこなわれていた。タグバヌア族の説明では、地下界には米酒がなく、収穫したばかりの新米で酒をつくり、死者と生者がともに飲み合って交歓するのだということであった。

　しかしながら、単に死者と生者の交流だけではないようだ。ビラン儀礼では、天界からの神々の依《よ》り代《しろ》を屋根上に立て、屋内の天井には、新米をのせた小さな天の船（天鳥船信

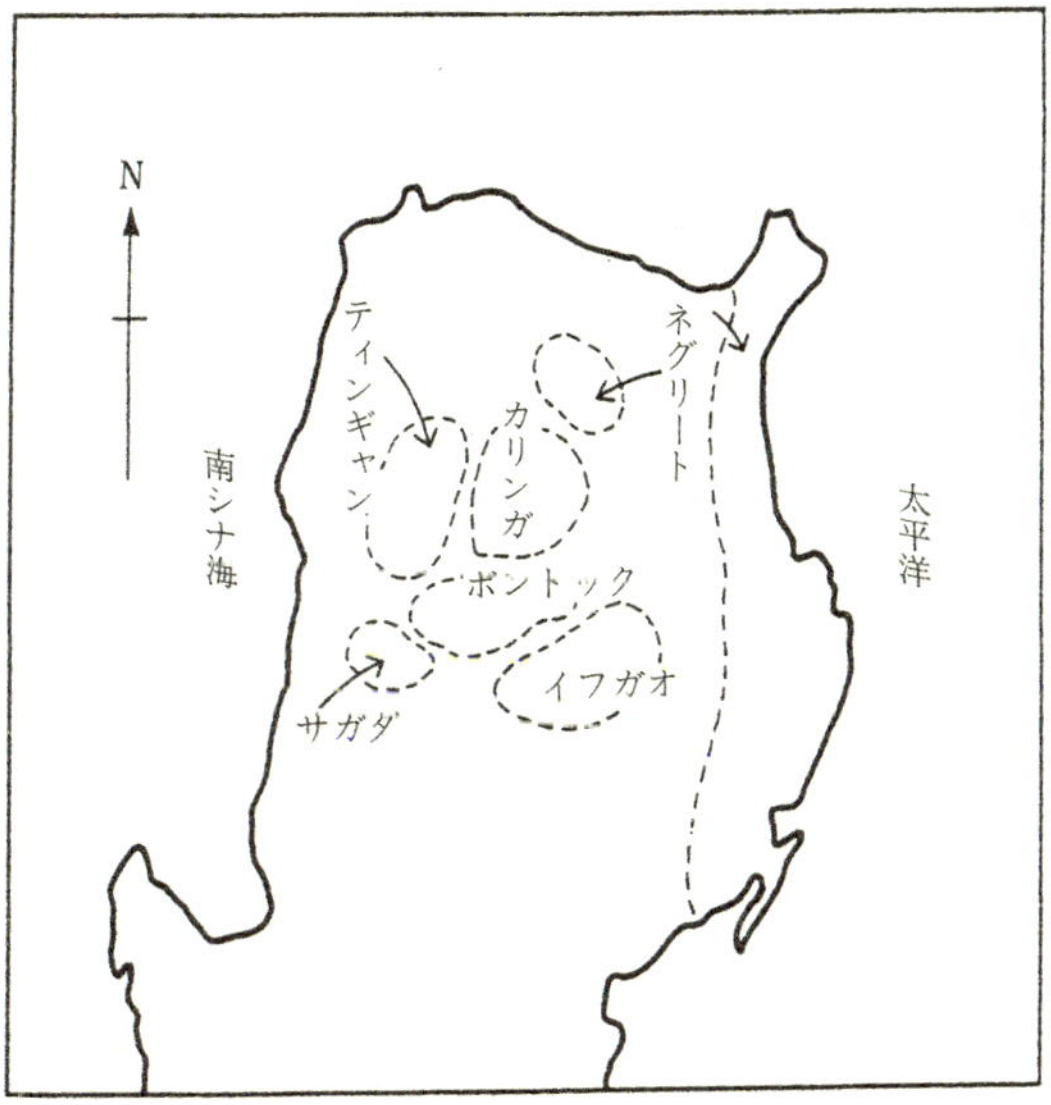

図29　フィリピン・北部ルソン島山地諸族分布図

仰）や七層の天界を象徴する竹棒などをつるす。また、波形を刻みこんだ竹製のブランコに、女性シャーマンが乗って、天界を飛翔する儀礼もおこなわれる。つまり、稲をあたえてくれた天界の文化英雄神マンギドゥサ（*Mangindusa*）に感謝し、また来季の豊作を願う「予祝」儀礼である。さらに、家屋の中央に設けられた祭壇には、米酒その他の供え物とともに、聖なる鳥が供えられている。これらからうかがわれるように、あの世としての天界とこの世としての地上界との霊的交流もおこなわれていることにも注意する必要があろう。

北部ルソン島の山地稲作諸族

つぎに、よりくわしくわたくしの調査地、フィリピン群島の北部ルソン島山地社会をとりあげてみよう。マニラの北方、北部ルソン島は一五〇〇メートル前後の山々がつらなる山岳地帯で、火山脈が走っている。植物相で目立つのは松の林である。水の豊かなこの地域でいつの時代に水田耕作が展開されたか不明であるが、少なくともスペイン人が入ってきた十六世紀には、すでに立派な棚田式水田耕作が成立していた。この地域の人々は原マレ系種族で定着的居住形態が確立されていて、一般的には集落を形成している。若干種族の分布を示すと図29のようになる。

東のイフガオ族は、高度な灌漑制度の棚田式稲作を経営しながら、どのような理由によるか不明であるが、集落を形成していない。日常生活はシンルイ方式によって相互に協力しあって生活している。だが、ネグリート系（黒人）採集猟民を除き、イフガオ族の西に住むボントック族をふくめ、すべての諸族が社会生活の基盤を集落においている。しかし、ボントック・サガダ・カリンガなどの諸族は、伝統的首長（村長）をもたず、アムアアとよばれる長老たちの合議支配制をとっている。

また、ティンギャン族は世襲的な村長をもっている。そして、どの種族も、一系的な外婚制氏族は形成していない。

つぎに村落空間をみてみよう。イフガオ族は、高床式民家と高倉をもっているのにたいし、他の種族は地家（土間式）と地倉である。この相違はどのような理由によるものかは説明できない。そして、イフガオ族を除いては、集落共同体内に複数のアト（*ato*）とよぶ男性集会所兼祭場をもつ。つまり集落は、アト祭場にもとづく祭祀集団の連合体をなしている。

一〇歳前後になった少年は、原則的には父のアト集団に加入する。しかしこの地域は、長子継承・相続の傾向があるので、少年は母の方の男性のアト集団に加入する場合もある。各集落の山側にパパタイとよぶ聖樹（多くは松で、ときには竹藪）と、神の依り代としての聖なる石がおかれた聖域がある（アト祭場とともに女人禁制）。

上流と下流

この地域に共通する文化英雄神として、ルマウィ神が、とくに稲作農耕儀礼とかかわりながら信仰されている。ルマウィ神は男性で、この世界をつくり、土地の人々に稲の種および男女の人間種をあたえた宇宙創世の神である。この神は上流からあらわれ、この世をつくり、聖樹を通して天界へかえったといわれている。すなわち、上流と天とは「天上界」ということである。他方、下流の方位は死霊アニートの世界であり、暗黒にして「地下界」をつくっている。また、もともとこの地域は州政府などが禁止する前は、首狩りがさかんにおこなわれており、いまでも「目には目を」という血讐の精神はつよい。

このように、北部ルソンの山地稲作農耕民の諸族は、おなじ社会的・宗教的同一性にもとづきながらながい年月の間に少しずつ独自性をともなった文化偏移の傾向を形成してきたのである。

ボントック族の集落生活

居住形態

ボントック族は強烈な死霊アニミズムの世界に生きている。そして、かれらの居住形態は、集落共同体によっている。おおよその戸数は一六〇〇戸ぐらいから四〇〇〇戸をこえる大きな集落を構成するところもある。集落自体の首長制は形成されなかったが、現在では州政府任命の行政世話役がいる。本来の政治運営は長老（アマアマ）の合議支配制である。その運営をみていると、長老以外の男性はもちろん、すべての人が長老会議の決定に服従している。集落内は複数の男性集会処兼祭場（アト）によって構成されており、その数は、一番少ない集落で三ヵ所、最大は一八ヵ所ある。また、アトは、同時に若者宿としての役割もになっている。一方、女性は、初潮を迎えた仲間とつ

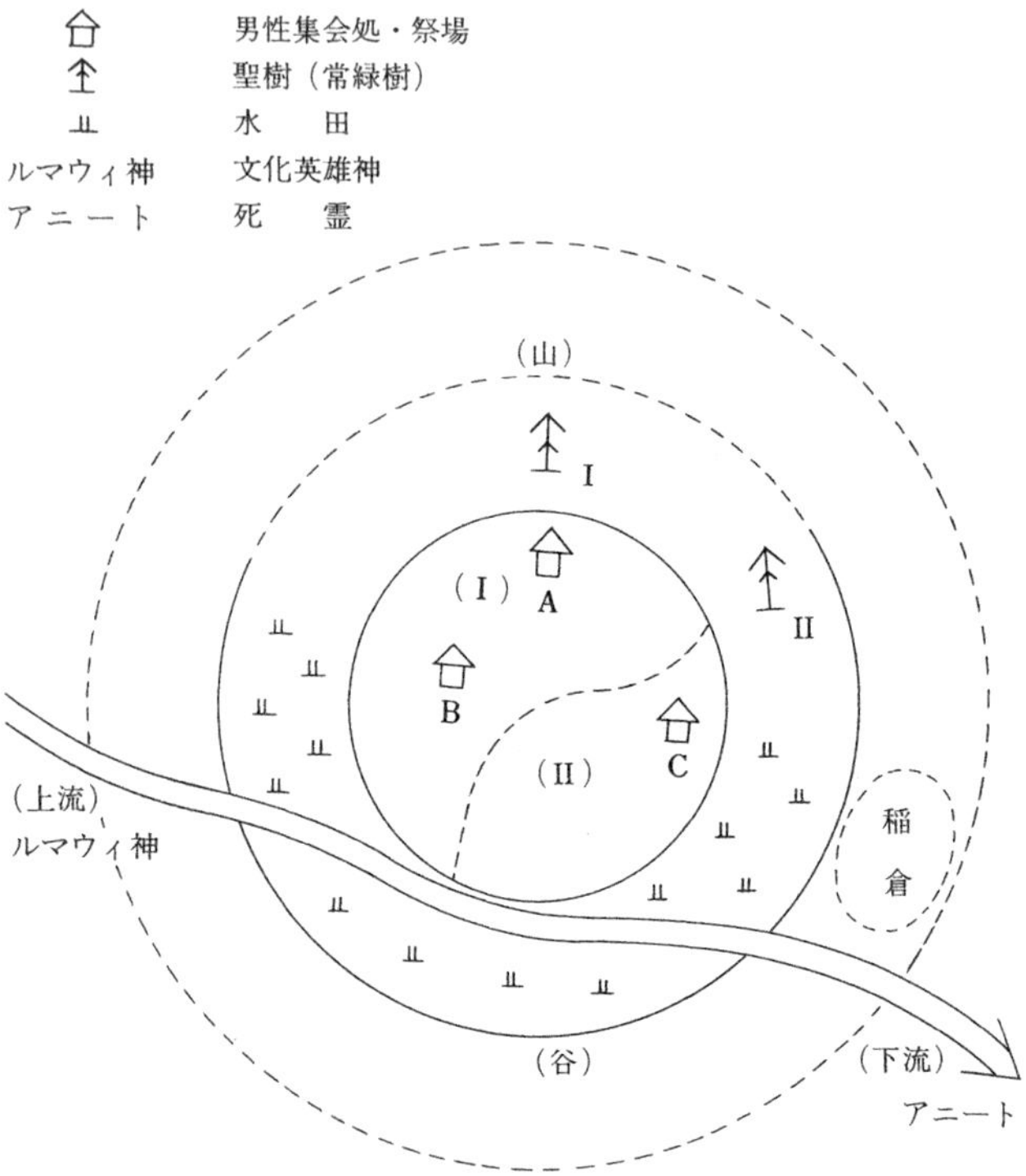

図30　ボントック族集落のモデル図

れだって、複数ある娘宿（オログ）の一つに入る。こうして若者たちは、先輩からさまざまな教育をうけ、成長する。夜になると、娘宿をたずね、恋人をさがし、やがて結婚へといたる。

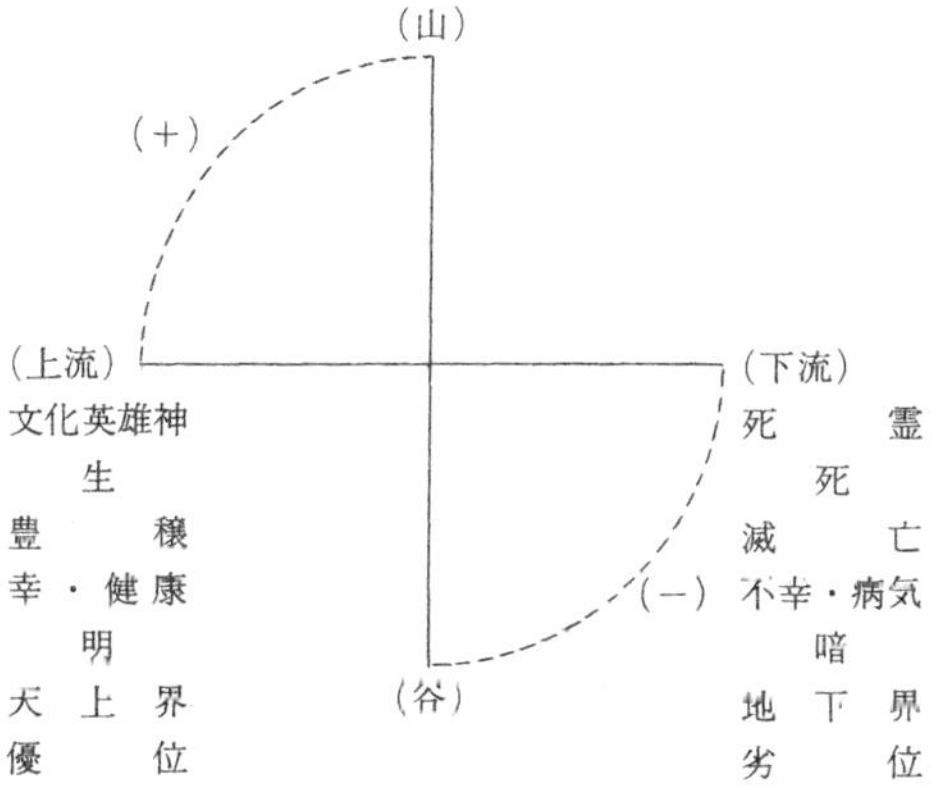

図31　ボントック族の宇宙観

集落概念

このような社会的背景をもってつくられた集落の概念図を示すと、図30のようになる。

集落からみて上流側は、文化英雄神の出現する方位であり、神の原郷である。つまり、人間に「生」や「幸」をあたえてくれる天上界としての異界である。他方、下流側は死霊アニートの原郷で、暗黒の地下界としての異界である。わたくしが滞在したカネオ集落では、約一六〇戸の全家屋の入口は下流側をさけていた。集落に昔から住んでいる、いわゆる「地付き」または「草分け」の人たちは上流側に住み（図30の(I)、のちに入ってきた人たち「後入り」系は、下流側に住んでいる（図30の(II)）。外からの文化、たとえば小学校施設やキリスト教礼拝所などは、原則的には下流側集落はずれにつくる。したがって、よそ者としてのわたくしも、当然、下流側に住むことになった。そして、地付き系はもともと固有の聖樹I（聖地）を信仰し、後入り系は自分たちの聖樹IIを信仰対象にしている。こうしてみると、図31のような集落デザインを下敷きにした二元論のシンボリズムが読みとれる。

死霊アニート

ボントック族の稲作中心の農耕生活はもとより、家庭や地域の毎日の生活に、死霊アニートの加護が求められている。生きている人間の霊、つまり生霊はタコとよばれ、死ぬとアニートとなる。病気・怪我・死などは、すべてアニートがひきおこすものと考えられている。また、ボントック社会は、すでに述べたように、生活および防衛上の基盤を集落共同体によっており、集落をこえるより大きな集団あるいは部族意識がまだ完全に形成されていない。したがって、習俗のさまざまな側面は、ボントック地域内部での片よりや集落ごとにある程度の偏移がある。

マリコン集落を調査した合田濤によれば、アニートは死霊・生霊・妖怪など霊的存在一般をさす語であるという。とくに、人間にかかわるアニートは、未婚・既婚の区別、孫の有無、さまざまな社会的地位、死んだ場所および原因などによって、多様なものの存在が意識されている。とくに死んだ場所が集落の内か外かによってその霊力に差が出てくる。また、死の原因が、自然死か、または事故死や出産による死か、などによってアニートの霊的性格が問題にされている。一般的に集落内での自然死の場合、その霊力の悪しき性格についてはあまり問題にされない。これにたいし、出産にかかわるような死、事故死、自殺死、異常的な死などの場合は、そのアニートは集落の外をさまよっていて、人々の病の原因にされたりする。集落の外で死んだもののアニートは、首狩りで殺したもののアニートとおなじように、外からつねに集落内に侵入する機会をうかがい、病気、さまざまな災害、ときには死をもたらす霊的存在と考えられている。その結果、首狩りとはたんに生者による戦いだけでなく、敵側のアニート霊との戦いでもある。そのために、集落の入口に木によるかんたんな鳥居状の門をつくり、集落を閉鎖する儀式もおこなわれる。

民俗カトリシズム

このように、アニート霊の活躍はボントック人の全生活に及んでいるといえよう。ボントック族地域の中心地、ボントック町には、スペイン人が入って以来の約二〇〇年前からカトリックの布教が展開され、現在町には多くのカトリック信者がいる。日曜日の礼拝に対しては熱心で、みな正装して早朝に教会にい

図32
死霊アニートへの献酒
（フィリピン・北部ルソン島，
ボントック族）

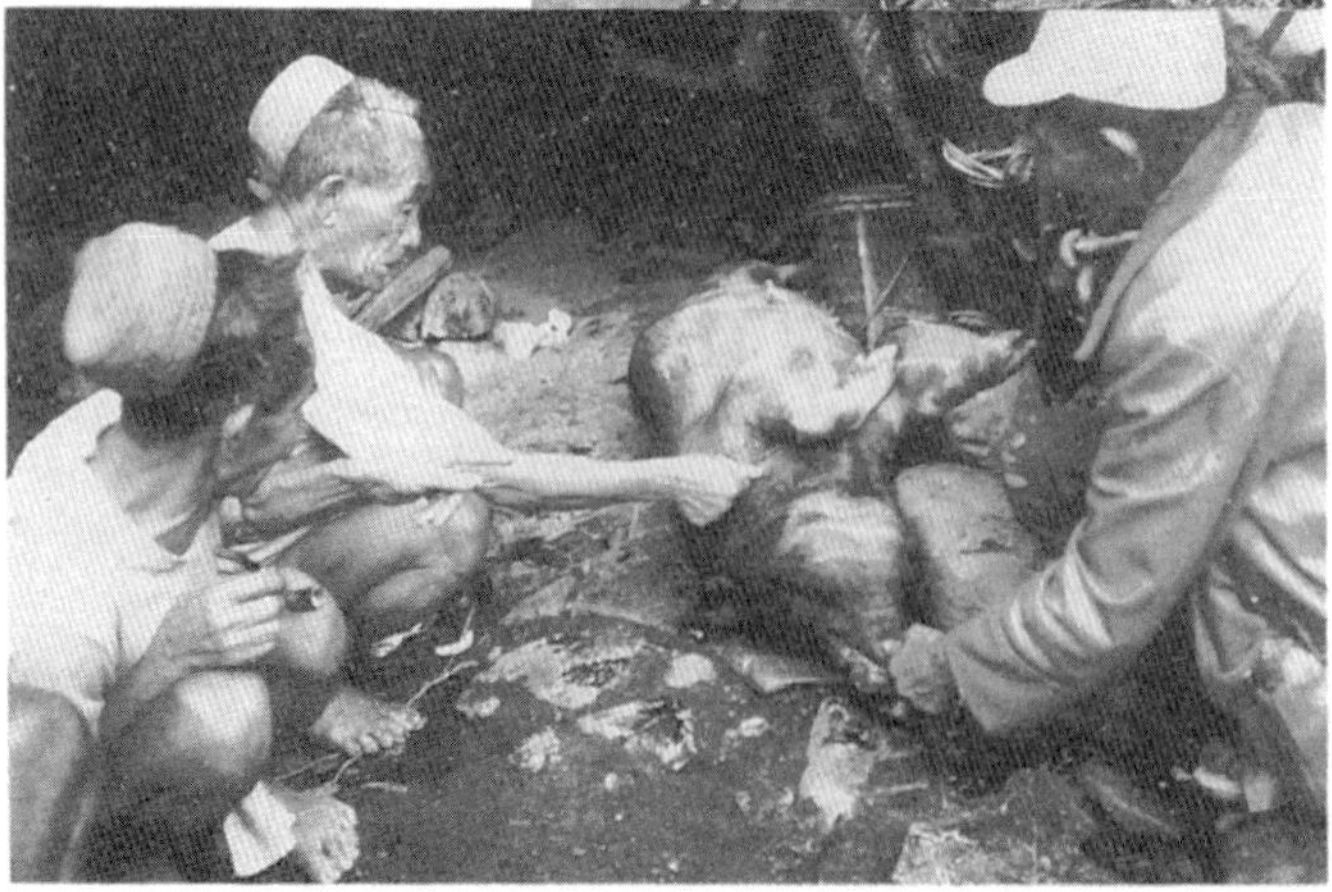

図33　ボントック族の豚の肝占い（稲作豊穣を祈願しておこなわれる）

く。そういったカトリック信者でも、アニート霊の話がなにかの事情で出てくると、一様に緊張した面もちになる。かれらの精神の深層には、スペイン人のいうアニテリア（*aniteria*）体系の感覚が生きつづけているのである。つまり、カトリック信者の情緒の深層には、死霊アニートにたいする畏れと加護を願う心情とがあるといってよいであろう。これは宗教における習合現象（シンクレティズムの一形態）といえよう。研究者がいうところのフォーク・カトリシズム（民俗カトリシズム）である。

死霊への祈り

ボントック人がわたくしを迎えて、懇親のための小さな飲み会を開くと、まず最初におこなうことは、酒の一滴を地上にたらし、アニート霊の慰撫と加護を願う唱えごとを述べることである。ましてや、集落の男性集会所内である種の宴が開かれる前には、この儀礼はなおいっそうていねいにおこなわれる。また、稲の植付け、成育を願う虫払い、収穫前の祈り、収穫後の感謝などの稲作農耕儀礼において、黒豚やにわとりが供犠として殺されるが、そのときに稲のゆたかな収穫を占う意味で、豚の肝の形や色がその祈禱対象となる。そのときにも、豚の肝に長老が手をかけてアニート霊の加護を願うのである。人々が自分の住む集落をはなれて他の集落または旅に出たとき、とくに峠をこえるとき、あるいはその高い山越えのときにも、その場所でアニート霊に加護を願う儀礼をおこなう。峠のその場所は、昔からたくさんの人がその儀礼をおこなってきた場所で、そこには焚火のはっきりした跡がある。峠ごえの人は、そばにある松の大木の幹付近を山刀で切りとって、焚火をおこないその煙をアニート霊に捧げる。私が訪れた峠でも、松の木の幹はいまも倒れんばかりに、ふかくえぐりとられていた。

日本人の遺骨執着

ボントック族の中心地、ボントック町から歩いて四〜五時間の距離にあるカネオ集落に滞在していたときのことである。ある日、昼すぎに、ボントック町の若者がわたくしのところを訪ねてきて、至急町にかえってほしいとの町長の伝言をたずさえてきた。事情をきいてみると、多数の日本人が町にやってきているとのことであった。わたくしは、いそぎ若者とともに町にかえった。すると、その日本人たちは、何台かのバスでわざわざこんな山奥まできており、その理由をたずねてみると、かつてこの地域に駐留していた旧日本軍の遺族および生き残りの兵士たちとのことであった。つまり、その年は戦後三三回忌にあたる年であったので、最終法要としての「弔い上げ」の仏事をおこなうために、はるばるボントックまで訪ねてきたという。かれらは情報によって遺骨を収集し、集めた遺骨を火葬にふし、読経をともなう法要をおこなった。ボントック人は、さかんにわたくしに質問を発した。「なぜ遺体を集めるのか」、「なぜ骨を大事にするのか」などなどであった。ボントック人にとっては、遺体・遺骨は、土にかえって消滅するものであり、大事なことは不滅のアニート霊である。だから事あるごとにアニート霊を慰撫し、加護をうけるために、酒・にわとり・豚・犬などを捧げて祈願するのである。かれらにとってみれば、遺骨に非常に熱着する日本人を、不思議に思うのは無理もない。日本人の行動は、ボントック人にはなかなか理解できないことであった。

旧日本兵の死霊

また、ボントック調査をはじめた一九七〇年代半ばのころ、各集落の予備調査をもとに、宿泊先で集落図を何枚も作成していた。かれらには、何のための作図であるかが理解できなかったためか、かれらは共通して、わたくしが山下奉文将軍の財宝をさがしもとめてきたらしいと、信じきっていた。そのとき、ある若者が小さなビンにつめた紙片をもってきて、これはおそらく山下将軍の財宝のありかを示す資料ではないかと、尋ねてきた。わたくしがビンのコルク栓をとってなかの紙片をみると、お経の一部の筆写であることがわかった。そのことを伝え、これは旧日本兵が戦友の死に場所に、死者の霊を弔うために埋めた唱文であると教えた。これをもっていると、死亡した旧日本兵のアニートがとりつくかもしれないと伝えたところ、若者はびっくりして畏れをいだき、もとの場所にそれを埋めなおしにいった。

なお、カネオ集落で出会った葬式をみると、幼児の場合と成人の場合とでは、葬式の期間が大きく異なる。つまり、幼児は一晩をはさんだ二日がかりであるのにたいし、成人は三晩四日ないしは五日がかりである。成人の場合はその葬式の期間、死者を出した家と親族は、大量の米・豚・にわとり・酒を人々に供さなければならない。大変な出費である（これについてはマリコン集落の例が、合田濤によってくわしく記述されている）。

葬　式

死霊と集落空間

家づくり

今日は新婚夫婦のための家づくりの日である。日本の初夏を思わせる高原のさわやかな空気と澄みきった空とが、あたらしい家の前途を祝福するかのようであった。朝から人々は村の広場や祭場アトで、柱となる木に穴をあけたり、木と木を結びあわせる蔦などによるひもをつくったりしていた。また青年たちは、数日前から採集していた萱で屋根づくりに精をだしていた。

二ヵ月位前からわたくしが住みついていたボントック族のカネオ村のある一日であった。一九七四年十月のことである。ボントック族は、周辺のイフガオ族やカリンガ族などとともにかつては首狩り族として名を馳せた種族で、いまでも家の入口や内部などにどの家で

図34　家の新築光景と遠方の集落下流の稲倉群
（ボントック族，カネオ集落）

も二、三本の槍がたてられている。男たちが少し遠い稲作水田の耕作や山作業にでかけたり、他の村を訪問するときなど、杖がわり兼護身用として槍をもちあるいている。現在では、各集落を防衛単位とする「平和協定」が結ばれていて、ほとんど昔のような争いはなくなったものの、稲作を中心にした植付儀礼や収穫儀礼のときなど相互のあいだで招待しあうのであるが、どぶろく酒のいきおいでしばしば刃傷沙汰が生じ、血讐の闘争心がむきだしになることがある。

このようにボントック族の人々にとって、イリとよぶ集落共同体は最大の生活単位であり防衛単位である。だからさきに述べたような家の新築という共同作業には、村落内の家々は大なり小なり親族関係やアト関係や友人（同輩）関係などによって労働を提供しているので、みた目には村全体をあげて互助共同をおこなう形になってくる。入口が一つ、六、七メートル前後の正方形に近い窓なしの板壁、急勾配の萱屋根のボントックの民家は、丸一日で完成する土間形式の「地家」である。そして、その晩は新築祝いとしてにぎやかな儀礼がおこなわれる予定であった。人々はこの新築祝いを最大の楽しみにして家づくりに汗を流す。新築祝いにはそこに住む人々の繁栄と健康を願う神歌がうたわれるが、これはかれらが信じている目にみえない霊的存在アニートに捧げ、かつアニート霊の加護を乞うものである。そして人々は豚肉その他のご馳走と、いつもは飲めないどぶろく酒を楽しみにしていた。

死霊アニートの出現と死者儀礼

わたくしもすでにその儀礼への招きをうけていた。また、村の主婦や娘たちは、朝からキャサバをきざんだり、さつま芋をゆでたり、米をたいたり、男が殺した豚肉を煮たりしてははしゃいでいた。彼女たちは、家と家のあいだのちょっとしたひろい場所に、アニート霊に許しを得た標《しるし》の大きな青い萱のようなものを両端に二本たてた一定の空間を竈場《かまどば》として料理に熱中していた。わたくしも祝宴を大きく期待していた。

図35　集落封鎖の儀礼門（ボントック族，カネオ集落）

しかし夕方とつぜん、新築儀礼の中止を村人がわたくしのもとに告げにきた。ある家で四、五歳になる子供がはげしい嘔吐と下痢をともなって急死したというのである。つまり、共同体を危険な状態におとし入れる死霊アニートの出現である。土地の人々によれば、すべての人間は生き身としての肉体と、それに宿っている生霊とによって成り立つ存在である。つまり霊肉一体と化したものが人間なのである。死によって宿るべき肉体を失った死霊アニートは、いま集落内の空間をただよいはじめたのである。かれらにいわせれば、集落内をただよっている死霊アニートが新築の家のなかに、あるいは共同体の誰かにふたたびとりつく危険が生じたと感じたわけである。

したがってすみやかにきちんと死者祭祀をおこなって、一刻もはやく危険な死霊は集落の外に出てもらわなければならない。不安定な新しい死霊アニートが古い死霊を集落内によびこむ可能性も生じたわけである。

集落の閉鎖

かれらがとった第一の手段は、カネオという集落を閉鎖することであった。具体的には集落の下流側の入口に木でかんたんな鳥居状の門をつくり、そこでにわとりを犠牲《いけにえ》にして、下流から死霊としてのアニートが侵入してくるのをまず防ぐことである。と同時に共同体の成員は集落の外、つまり水田・畑・稲倉（群倉）・山などにいってはいけないし、またよそものが集落内に入ることを拒絶することである。

前に述べたように、死者が成人であるか、子供であるかによって葬式の日数には長短がある。成人の場合には三、四日がかりとなる場合が多いが、今回は小さな子供であったために、二日がかりの葬式で終わった。一種の幼児葬法である。したがって、成人死者のように死の椅子に座らして民家の入口に向けて安置するということはない。

幼児死者は頭を下流側に向けて家屋内に安置され、両親およびごく近い親族のものがそのそばに坐りなげいている。大部分の弔問者、とくに女性たちは弔問にくると身体を左右にゆすりながら弔問歌をうたう。これは即興的に死者の性格やエピソードなどをおりこんでうたうものである。最後にこの村ではどの家もそうであるが、家の前に穴を掘って頭を下流に向けて死者を埋葬する。埋葬のときには、穴を掘ったり死者をかかえて埋葬する男たちを除いて、他の人々は死者をみてはならない。皆あらぬ方をむいて粛として坐りこんでいる。これは死者をみることによって、死霊がとりつくのではないかとおそれているためである。

家の前の墓

埋葬し終わると、頭大の石でもってその埋葬地面をまるくとりかこむ。アニート霊の抜け去った死体は、かれらにとっては土にかえるたんなる物体にすぎない。その後は家の前の墓で儀礼をおこなったりしないし、人々はしばらくすると平気でその墓に腰かけたり、薪を割ったり、墓の上を歩き通ったりする。集落とは、民家とそれに付属した豚飼育用囲い穴場と墓との集合体である。

埋葬を手伝った人々は集落の下流の河で身体をきよめ集落に帰ってくる。そして、埋葬した晩は多くの人々が手に手にたいまつをもって村の四方、つまり上流・山側・谷底側および下流側で声をそろえてアニートを集落の外に送り出す歌をうたうが、とくに下流側が重要である。さきに述べたように、死霊としてのアニートは死者の肉体をはなれると下流の異界にいくと信じられているからである。それから数十日集落は完全に閉鎖されたまま、

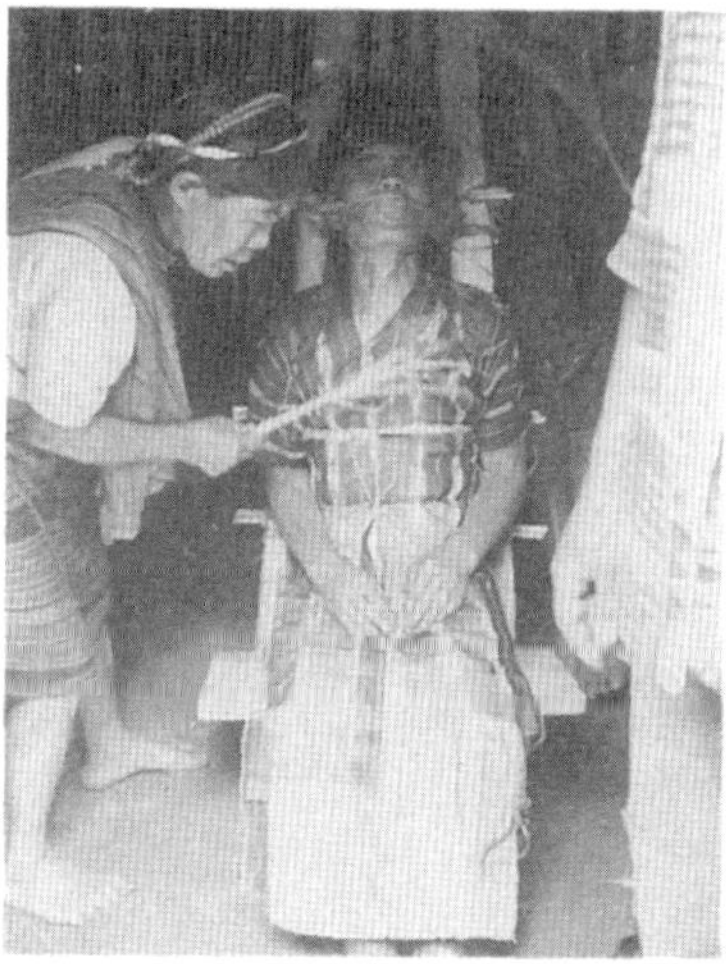

図36 「死の椅子」に座らされた死者

図37　弔問者たち（人々は祝宴のように酒を飲み，歌う）

集落の外での農作業や山作業、遠出はいっさいタブーとなる。こうして、死霊としてのアニートが落ちつくべき異界に落ちつき、さまよい出た他の死霊も安定すると、ふたたび共同体の正常な生活や秩序が回復するのである。

　せっかく楽しみにしていた家の新築祝いがお流れになり、それがいつ再開されるのかと村人にきくと、たぶんひと月ぐらいあとだろうという。

図38　納棺を待つ人々（死霊アニートにとり憑かれるのを避けるため，納棺光景を見てはいけないという．しかし一人の女性はみつめている）

また、弔問のための人々は、泣きながら葬式歌をうたい幼児の死を悼む。これが長老の葬式になると、死者の若い時代のエピソードが歌にのせて語られ、ときには人々の大きな笑いをひきおこしたりするなど、悲痛な葬式というよりも、あたかも祝宴であるかのような雰囲気がかもし出されていた。しかし、さすが幼児となると、両親はもちろん人々は悲嘆にくれていた。

墓の扱い

さて、埋葬についてだが、とくにカネオ集落では、家の入口際に埋葬することを好む。埋葬時に出てきた前の死者の遺骨などは、人々の話題の対象になりながら、また土とともに埋められてしまう。日本における両墓制のもとでの埋め墓とおなじような扱いである。埋葬された墓は、集落内に多数散在しているわけであるが、人々は円形に配置された墓石に腰かけて談笑していて、墓自体にたいする畏怖の観念が少しもみられない。野外調査の実習のために、大学生一〇人ぐらいを滞在させて何回か指導したことがあるが、墓地をめぐるこの光景にはじめて接したとき、学生たちは一様におどろき、墓の上を横切るなどとうていできることではなかった。

墓にたいする死後の供養や儀礼はいっさいおこなわないし、放置したままなのである。

また、ボントックでは共同体に幸と豊穣をあたえてくれるのは、上流からあらわれた文

図39　埋葬（死者は家の近くに埋められ，以後は何の儀礼も
おこなわれない）

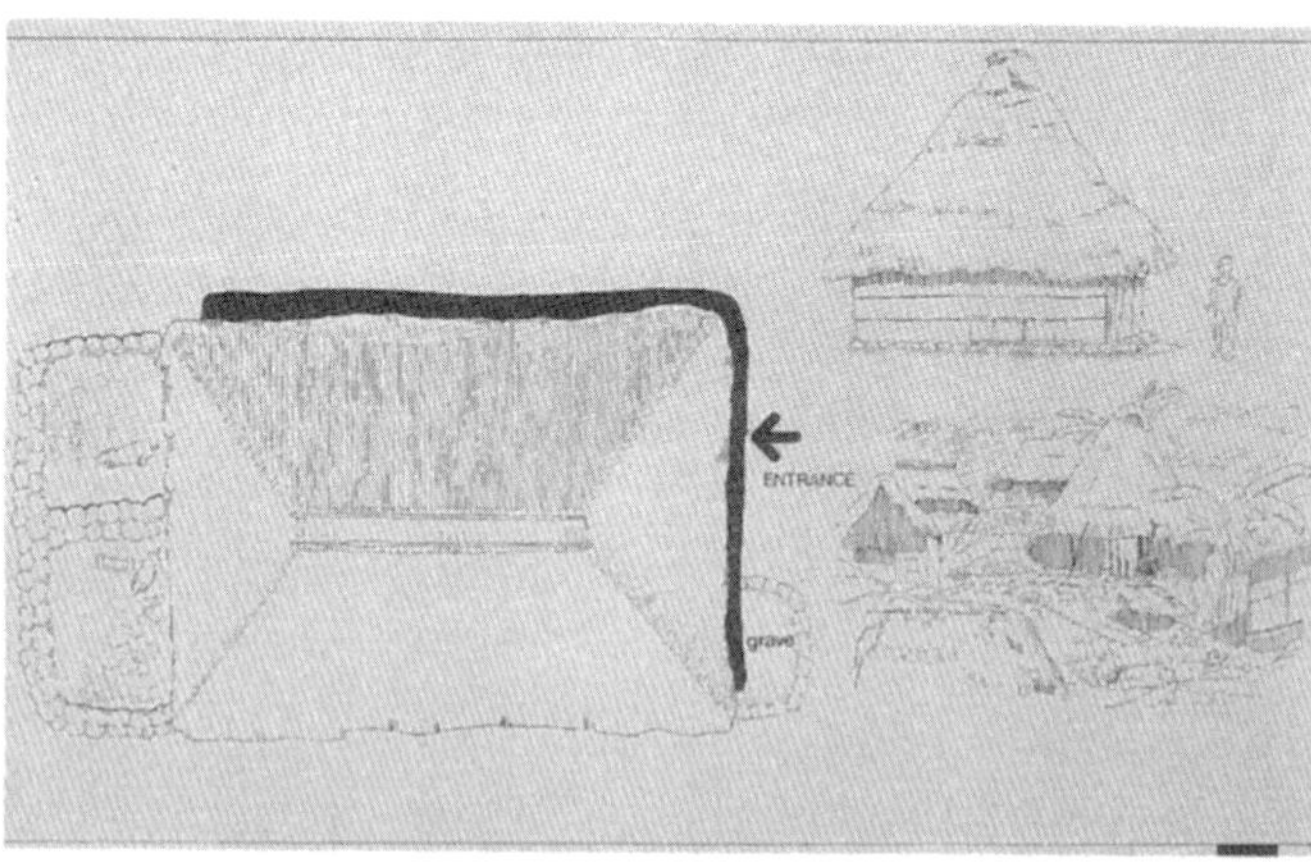

図40　カネオ集落の民家と墓（テム研究所作図）

化英雄神としてのルマウィ神であるが、アニート霊はときには自分や家や稲倉を護ってくれる霊であるとともに、アニートの不興をかうと人々に不幸をとりつけてしまう不吉な悪しき霊でもある。人々はいつもアニートのことを考えながら子供をつくったり、育てたり、家をたてたり、農作業をすすめたり、病気の回復を祈ったり、旅での加護を願うのである。

死霊と稲倉

ボントック族の群倉

若干のボントック族の集落を調査して、最初に気づくことは、すでに述べたように集落内のあちこちに墓があって、人々がその上を自由に往来していることである。そして、もう一つ注目されることは、稲倉が集落内にたてられていないことである。稲倉は集落外の一定の場所にたくさんの倉が集まってたてられ、「群倉」の形態をとっている。建築物としての稲倉をみると、ボントック族の近接東方に居住するイフガオ族における高倉（高床式）ではないのである。つまり床なしの「地倉」である。稲倉は木づくりで、萱で屋根をふき、その大きさは種々あるが、ほぼ一メートル半から二メートル四方のものである。正面扉のところには、死霊アニートを祈願するために飾られ

図41　集落外にある群倉（ボントック族，カネオ集落外）

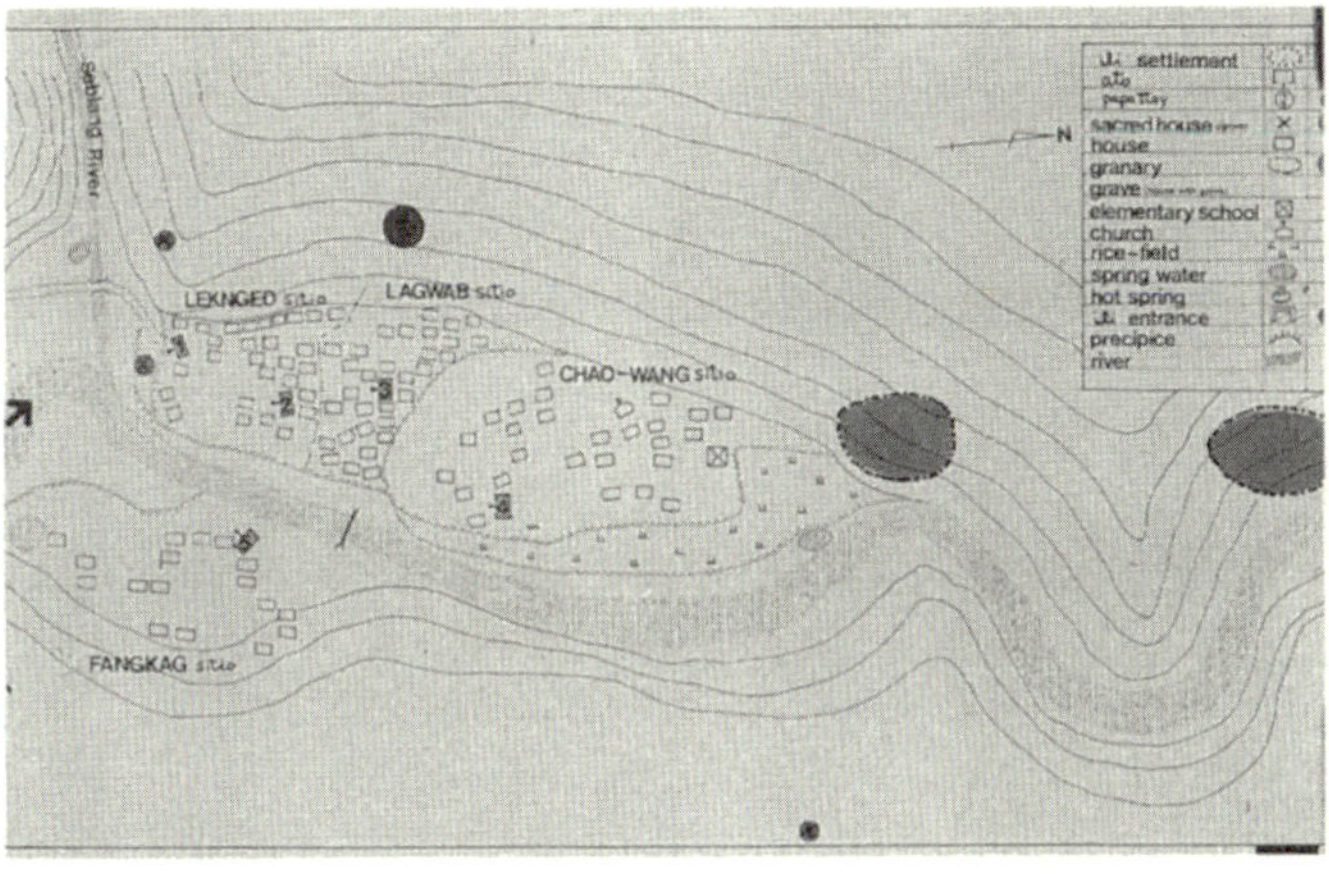

図42　カネオ集落と下流域群倉の位置図（テム研究所作図）

た茅や木の板などの飾りものがとりつけられている。また、倉の正面根元には、やはりアニート霊を祀るための石がおかれている。倉への稲穂の収納とか倉をあけたりするときには、アニート霊に丁重に祈願をする。そのために米酒やにわとりなどを捧げることもある。人々は、稲倉はアニート霊が守護していると信じているのである。

死霊と稲

ボントック人および周辺の原マレー系の人々は、すでに述べたように、各人それぞれのアニート霊をもっていると考えている。人間とは、肉体とアニート霊の結合したものである。死によって肉体は滅亡するが、死によって宿るべき肉体を失ったアニート霊は不滅であって、その原郷は、下流の暗い世界である。そして、夜、森のなかの暗いところ、洞窟などは、アニートが好んで住みつくところだと信じられている。さまざまな儀礼において、アニート霊を敬い、供物を捧げることを怠らないかぎり、アニート霊は親族や村人たちをまもり、稲倉を守護してくれるのである。しかし、この崇拝を怠ったりすると、アニート霊の怒りをかって、事故・病気および死にいたると信じられている。つまり、アニート霊は人間からみて、善悪両義性をもった荒らぶる霊的存在である。

さて、稲穂を収納する倉をなぜアニート霊が守護するのであろうか。これを理解するためには、ボントック人の稲穂にかんする観念をみる必要がある。稲作農耕儀礼の詳細はここでは論じられないが、田植え前に人々は、山から茅をとってきて、それぞれの所属アトの祭場に立て、にわとりや豚などを供犠して稲作の順調な成長を祈る。その後に田植えをおこない、稲の成長儀礼や虫送りのような儀礼もたびたびおこなう。そして、収穫直前にふたたび無事の収穫祈願をおこない、稲刈りをおこなう。収穫された稲穂は大人の手でひとつかみごとに束にされる。これが量をはかる単位である。収穫稲穂は、乾燥させてアニート霊の守護する倉に収納される。この倉入りはすべて男の作業である。

このように、最初「野生としての稲」を、人工的な土地つまり耕地に植えて、さまざまな成育儀礼をおこなう。つまり少しずつ人工化された稲へと育てあげて稲穂の収穫となるのである。倉入りした稲穂は、まだ「半野生・半文化としての稲」である。そして、必要に応じてアニート霊の許しを得て、男性が稲穂を自分の家に運び込む。家では、主婦または娘がこれを受けとって、家のなかで米つきをおこなって脱穀する。ここではじめて、「文化としての稲米」にたどりつく。つまり、野生性をすっかり脱却した人間の手中にある食用としての米になるわけだ。

このように倉入りの稲は、稲の全人工化過程からみれば、ちょうど中間のカテゴリーであり、両義的性格をもっている。それを守護するアニート霊が善悪両義性をもつ性格と対応しているところが注目される。ここに、そのような死霊としてのアニート霊が、集落外の倉入り稲穂を守護する理由があるのではなかろうか。

先述のカネオ集落では、集落下流側外の、ややたいらな芝状の空間に群倉がある。子供たちの遊び場として適当と思われるのだが、子供たちはけっしてそこで遊ばない。アニート霊をこわがっているのである。

比較としての奄美大島の群倉

つぎに、奄美地方にひろく分布する高倉群倉をとりあげて、死霊とのかかわりをさぐってみたい。

まず、高倉が現在も残されていて観光の対象にもなっている奄美大島の大和浜あたりをみてみると、集落のあちこちにブリグラとか、ボレグラなどとよばれる群倉、つまり高倉群をみいだすことができる。

大和村の大和浜集落の外部に、有名な高倉群がある。大和浜にはもちろん、屋敷内部に高倉をもつ家々もあり、現在では、二〜三軒に一軒の割合でそれがみられるが、恩勝集落では、三軒に一軒の割合であった（調査時一九七七年）。高倉を屋敷内に建てるときには、屋敷の入口からみて左角、または母屋の裏手に設けるのを一般とした。もし屋敷の周辺に空地をもつ場合には、そこに高倉を設けることが望ましいとされる。土地の人々によれば、高倉を屋敷の外に設けたり、集落の外に群倉として設けるのは、火事をさけるためであるということだ。たしかに火災をさけるという意味で、屋敷内の炉から遠くはなして高倉を建設するのは、もっともな理由だと考えられる。あえてこの理由は否定しないが、高倉を住居空間からはなして建設するには、いまひとつの理由があるように思われる。それは、呪的あるいは霊的な信仰と関連があるのではあるまいか。

よくみると、高倉群の所在地点が、墓地域内か、あるいは墓地に近接されて設けられていることに気づく。この点をまず注意しておきたい。だが、その意味をさぐるまえに、高倉の利用をめぐる習俗や儀礼の側面を断片的資料によって述べておこう。

高倉の儀礼

大和浜では、高倉に稲穂を入れるときには、集落の宗家トネヤに穂をもっていき、女性司祭者ノロに祈願してもらう。しかしいまでは、宗家トネヤ以外の農家ではとくべつな儀礼をおこなわないで高倉に稲を入れている。高倉には、いま述べたように、脱穀しない稲穂を収納する。そして、日常的食用あるいは祭祀用として、必要な時には、そのつど必要分をとりだして脱穀して用いる。この点ボントック族と同じである。

また、根瀬部集落では初穂を家の床の間に供え、一年間そこに下げておく。豊作のためのこの初穂刈り儀礼をニシクマ（奄美島の他地域ではシキュマ）という。そして、一年たつとその稲穂を高倉の柱の上につないでおく。この稲穂のことを「ニシクマのヤーダマガナシ（家魂加那志）」という。つまり、これは家の守護霊と考えられていたのである。また、高倉内は、空にしてはいけないといわれ、普通籾俵一俵をつねに残しておいたという。

群倉と墓地

さて、墓地と密接に関係があると思われる高倉群をふたたび考えてみると、たとえば大和浜では、集落の外、西側に存在している。そのすぐ裏手の山は墓地である。また恩勝集落の南のヤマアシ（山裾）には昭和三十年ごろまで五、六棟あったし、根瀬部集落内の墓地内には一〇棟の高倉群があったが、その他四〜五棟が終戦ごろまで存在していたという。死者を葬った墓地内または墓地近接地に高倉群がしばしば設けられていることと、五月の農耕儀礼であるアラマチの日に、麦飯を主婦が高倉の下に供えるという習俗や、高倉の新改築のとき、主婦が夜中、人通りがたえたころ、高倉の下に酒や餅を供えるという習俗とは関係があろう。とくに後者の習俗が、奄美地方にひろく分布する「炭焼長者」、あるいは「炭焼五郎」・「運定めの話」の民話、つまり倉に死霊を祀る民話とふかい関連があることは、すでに多くの人々によって指摘されてきた（村武『祭祀空間の構造』参照)。

高倉自体が墓地内やあるいは墓地に隣接した場所に設けられたり、高倉をめぐる先述の民話にみられるように、死霊と関係があったりすることなど、稲穂を収納した高倉がやはり死霊によって守護される論理は、ボントック社会の論理と共通するように思われる。

あるいはまた、屋敷内の左側(つまり、カマド・豚小屋がおかれる方位)や家屋の裏手に高倉が設けられる理由も、やはり上の論理に似たものであると思う。つまり、屋敷の左側は右側に対し、空間上、社会的にも儀礼的にも霊的にも劣位の方位である。このことは南島文化における家屋敷のシンボリズムがすでに明らかにしている。家屋敷の右側部分が神々や浄化された祖霊などを祀る空間であるのにたいし、左側部分は死霊または女性霊を祀る空間であることが、高倉の設置と関係しているのではあるまいか。

宗教文化理解のために——むすびにかえて

本書でとりあげた地域、日本列島から東南アジア島嶼部にかけての民俗宗教文化の形はさまざまである。そして、日本列島における宗教文化は、神道や仏教などの宗教がふかく浸透し、高度な習合宗教文化を形成してきた。しかし、多様な信仰や地域社会に根ざした霊的・祭祀的世界の根ぶかいところに、さまざまな発現形態をとりながら、あらゆる事物にたいする霊的なとらえ方をする信仰が存在することを、これまでみてきた。それは石であったり、木であったり、あるいは目にみえない存在であったり、その現象は、ときにはすなおに、ときには屈折した形で表現され、信仰されつづけてきた。

本書では、アニミズムの信仰と指摘されてきた霊的諸現象やその存在形態を、ひとくくりにして明らかにするだけにとどめず、霊的存在、とくに死霊アニミズムの可視的表現とみられる墓または墓地の社会的性格との関連でまずとらえてみた。と同時に、死霊や墓(地)が、たとえば特定の集落共同体などの空間認識とからんでいることにも注目してみた。

十九世紀半ばすぎに提唱されたE・B・タイラーのアニミズム論は、もともと宗教の起源、つまり原初形態としての民俗宗教の生成を述べ、それに加えて宗教的諸観念、つまり神霊・多神信仰・最高神信仰などへの進化を論じたものである。以後、この説にたいするさまざまな批判が展開され、二十世紀前半からのイギリスの社会人類学、あるいはアメリカ合衆国を中心とする文化人類学および宗教学の諸分野では、この説の存在感はうすれ、ほとんど無関心に近いような研究状況になったように思われる。

ところが最近、とくに日本では、「アニミズムの再発見」とか、「よみがえるアニミズム」などのいいまわしで、アニミズム論の再検討とあたらしい考え方の枠組みが提唱されているかのような印象を人々にあたえてきている。

はたして、アニミズム論の再評価の枠組みが提唱されたのであろうか。少なくともわたくしには、そのようなあたらしい視角と方法が示されたようには思われないが、タイラーのアニミズム論は人間の信仰文化を理解するうえで、まだ有効な解読の働きをもっているように思われる。

すでにふれたように日本人の宗教文化は、神道・仏教・民俗信仰などが、多様な接触・融合の過程をくりかえしながら、その解読が不可能に思われるほど大きな習合宗教文化を生成してきた。このような複雑で多面的な性格をもつ日本習合宗教文化の解読は、すでに多くの研究者がその困難性をことあるごとに指摘してきた。その方法をみると、仏教から民俗宗教の深層へ、あるいは神道から民俗文化の深層へというぐあいに、大伝統から小伝統へという解読の方法がつよく進められてきているといえる。そこでわたくしは、民俗宗教をささえる宗教意識の諸要素のなかで、とくに死者の処遇とその霊的存在の信仰の普遍性に注目し、そこにアニミズムの諸相を見出し、それをつぎのような枠組みと関連してとらえなおしてみようと試みたわけである。

これまでの研究方向は、事物への霊的存在の諸様相をみる場合、さまざまな霊的存在の「霊質」とか「霊威」とかの本質論的解明につとめてきた。そこでわたくしは、アニミズムの諸様相を、まず空間論的座標のなかでとらえ、かつ霊的存在は、社会生活とどのようなかかわり合いのなかで位置づけられているか、という二つの場との関連でアニミズムをとらえることにした。このような方法と視角は、けっしてあたらしい研究方向ではなく、たとえば社会生活との関連は、これまでイギリス社会人類学が宗教文化を理解するうえで、基本的な視角の一つとしてすすめてきたものである。だが他方、アニミズム、とくに死霊的存在を空間論的にとらえてみるという試みは、ほとんどすすめられていなかった。

この小著では、上に述べたように空間論、または宇宙論の全体性のなかで、家族・親族・集落共同体などの社会的側面とのかかわり合いをふくめて、死霊アニミズムを全体的にとりあげるようにつとめてみた。

霊的存在の信仰、アニミズムにかんしてしばしば問題になる宗教人類学的な課題は、非人格的または半ば人格的な「力」としてのマナ（*mana*）である。これはひろくしられているように、R・H・コドリントンの『メラネシア人』（一八九一年）の報告にもとづいたものである。以後、マナイズムとして、アニミズムとの関係で、宗教の起源あるいは宗教の本質などの課題として多くの論争が展開されてきた。いまはこのような宗教学的あるいは宗教人類学的な研究史などにはふれない。

だが、宗教観念の起源論とははなれて、ある宗教文化のなかでアニミズムとマナと交差する側面があることに注目しなければならない。日本の民俗宗教の研究では、霊的存在の力として、「霊質」・「霊力」・「霊威」などの表現が一般に用いられてきた。オセアニア文化のなかでは、マナで表現される「力」は研究者によっては、「非人格的力」と理解したり、あるいは精霊や死霊にかかわる「霊力」と理解したり、必ずしも一様の性質ではない。人々はさまざまな儀礼を通じて、「呪力」を、ひとつには非人格的なものから得たり、もうひとつは人間や神の霊から得ると考える。そういう意味で、シャーマニズムにおいて神霊や死霊から霊託を得る場合も、佐々木宏幹が指摘したように、その根底にはアニミズムが結びついていることを、分析の視野に入れておかねばならないであろう。

宗教文化を理解するための視座のひとつは、マナ的な「力」はアニミズムとかかわりあってその力が信じられるようになる、という側面を理解することであろう。

参考文献

合田　濤『首狩りと言霊』（弘文堂、一九八九年）。

池上良正『民俗宗教と救い』（淡交社、一九九二年）。

岩田慶治『カミと神』（講談社、一九八四年）。

酒井卯作『沖縄の死霊祭祀の構造』（第一書房、一九八七年）。

桜井徳太郎『沖縄のシャーマニズム』（弘文堂、一九七三年）。

佐々木宏幹『仏と霊の人類学』（春秋社、一九九三年）。

佐々木宏幹・村武精一共編『宗教人類学』（新曜社、一九九四年）。

新谷尚紀『両墓制と他界観』（吉川弘文館、一九九一年）。

タイラー、E・B（比屋根安定訳）『原始文化』（誠信書房、一九六二年）。

田中真砂子・義江明子『両墓制の展開と家族構造――三重県鳥羽市菅島の場合――』（文部省科学研究費報告書、一九九一年）。

フォーテス、マイヤー（田中真砂子訳）『祖先崇拝の論理』（ぺりかん社、一九八〇年）。

宮家　準『日本の民俗宗教』（講談社文庫、一九九四年）。

村武精一『祭祀空間の構造』（東京大学出版会、一九八四年）。

森　謙二『墓と葬送の社会史』（講談社、一九九三年）。

柳田国男『先祖の話』(筑摩書房、一九四六年)。
山下欣一『奄美のシャーマニズム』(弘文堂、一九七七年)。
山田孝子『アイヌの世界観』(講談社、一九九四年)。

あとがき

本書の執筆にあたっては、多くの方々の研究論説や資料を利用させていただいた。まずこのことに感謝の意を表明しておきたい。具体的にはすべてでないにしても、巻末の「参考文献」に示しておいた。さらにシオン短期大学の森謙二教授、駒沢大学の佐々木宏幹教授および佐藤憲昭教授から、貴重な写真を提供していただいた。記して謝意を表したい。

また本書の成立は、そういった方々の研究成果の上になりたっているのであるが、同時に、わたくしの野外調査体験、とりわけ奄美から八重山にいたる琉球文化地域と、東南アジアの北部ルソン島・ミンドロ島・パラワン島の諸種族とにおける、死霊アニミズムの文化に深く浸ったこととの心情が大きく影響しているであろう。なお本書には、わたくしの既刊書の資料や説明をふたたび利用している箇所が少なからずあることをおことわりしておきたい。

本シリーズの性格からして、なるべく専門的な学術用語の使用をさけ、平易に民俗事象の説明をおこなうよう努めてみたが、なお充分とはいいがたく、反省している次第である。

率直に申し上げれば、わたくし自身の怠惰によって大幅に脱稿が遅れてしまった。編集担当者にふかくお詫び申し上げたい。そのために、短期間で執筆せざるをえない事情に自らが追いこまれ、意に満たない記述や資料選択があることを充分に承知しながら発刊されることになった。いずれにせよ、現時点におけるアニミズムにたいするわたくしなりのとらえ方を示しておいた。多くの方のご指導をいただきたいと願っている。

最後に、アニミズム論をふくむ多様な宗教文化について、普段の会話のなかで、多くの著書論文のなかで、豊かな教示をいただいた佐々木宏幹教授に、そして本書の章編成にあたって有益な示唆を提案していただいた永滝稔氏、ならびに重田秀樹氏に御礼申し上げる。

平成九年一月

村武精一

著者紹介

一九二八年、広島県生まれ
一九五二年、早稲田大学第一文学部哲学科卒業
現在共立女子大学総合文化研究所教授
主要編著書
神・共同体・豊穣　祭祀空間の構造　家と女性の民俗誌　家族の社会人類学　宗教人類学〈編〉

歴史文化ライブラリー
16

アニミズムの世界
一九九七年六月一日　第一刷発行
著者　村《むら》武《たけ》精《せい》一《いち》
発行者　吉川圭三
発行所　株式会社 吉川弘文館
東京都文京区本郷七丁目二番八号
郵便番号一一三
電話〇三―三八一三―九一五一〈代表〉
振替口座〇〇一〇〇―五―二四四
印刷＝平文社　製本＝ナショナル製本
装幀＝山崎　登（日本デザインセンター）

歴史文化ライブラリー

1996.10

刊行のことば

現今の日本および国際社会は、さまざまな面で大変動の時代を迎えておりますが、近づきつつある二十一世紀は人類史の到達点として、物質的な繁栄のみならず文化や自然・社会環境を謳歌できる平和な社会でなければなりません。しかしながら高度成長・技術革新にともなう急激な変貌は「自己本位な刹那主義」の風潮を生みだし、先人が築いてきた歴史や文化に学ぶ余裕もなく、いまだ明るい人類の将来が展望できていないようにも見えます。このような状況を踏まえ、よりよい二十一世紀社会を築くために、人類誕生から現在に至る「人類の遺産・教訓」としてのあらゆる分野の歴史と文化を「歴史文化ライブラリー」として刊行することといたしました。

小社は、安政四年（一八五七）の創業以来、一貫して歴史学を中心とした専門出版社として書籍を刊行しつづけてまいりました。その経験を生かし、学問成果にもとづいた本叢書を刊行し社会的要請に応えて行きたいと考えております。

現代は、マスメディアが発達した高度情報化社会といわれますが、私どもはあくまでも活字を主体とした出版こそ、ものの本質を考える基礎と信じ、本叢書をとおして社会に訴えてまいりたいと思います。これから生まれでる一冊一冊が、それぞれの読者を知的冒険の旅へと誘い、希望に満ちた人類の未来を構築する糧となれば幸いです。

吉川弘文館

〈オンデマンド版〉
アニミズムの世界

歴史文化ライブラリー
16

2017年（平成29）10月1日　発行

著　者　村《むら》武《たけ》精《せい》一《いち》
発行者　吉川道郎
発行所　株式会社　吉川弘文館
〒113-0033　東京都文京区本郷7丁目2番8号
TEL　03-3813-9151〈代表〉
URL　http://www.yoshikawa-k.co.jp/

印刷・製本　大日本印刷株式会社
装　幀　清水良洋・宮崎萌美

村武精一（1928〜2016）

ISBN978-4-642-75416-3